PROFESSION
ENSEIGNANT

Comprendre et accompagner l'élève gaucher

ÉLÉMENTS DE PÉDAGOGIE
ADAPTÉE AUX SPÉCIFICITÉS
MENTALES ET GESTUELLES

Docteur Michel Galobardès

hachette
ÉDUCATION

L'auteur

Michel Galobardès est médecin généraliste, diplômé d'acupuncture, d'homéopathie, de nutrition, de médecine « sportive ».

Il a été chargé de cours à l'université de Toulouse et il est membre correspondant de l'Académie des sciences de Rome.

Il est l'auteur d'ouvrages de vulgarisation de médecines alternatives et d'un premier ouvrage sur les gauchers *Gauchères, gauchers et parents... ce que vous devez savoir* paru aux éditions Riv'Gauche (2005).

Remerciements

– Au site Internet http://www.lesgauchers.com pour l'ensemble de sa contribution à la connaissance des problèmes vécus par les gauchers et par les parents d'enfants gauchers. C'est une mine inestimable de données, de témoignages et d'échanges entre les gauchers et les responsables du site, lesquels ont fourni une grosse partie des témoignages ici publiés. Ils ont organisé le réseau de communication entre les intéressés et l'auteur ;

– aux enseignants qui nous ont beaucoup aidés depuis le début, tant pour le comptage des élèves gauchers que pour les essais d'application des méthodes préconisées ici ;

– à tous ceux qui nous ont permis d'utiliser leurs témoignages tout en nourrissant de leur expérience notre modeste compétence ;

– à Madame Chavonnet, graphothérapeute.

Couverture : Pascal Plottier
Mise en page : Domino
Les illustrations et photographies sont de l'auteur

www.hachette-education.com

ISBN : 978-2-01-171005-5

Sommaire

Deuxième partie. Les défis scolaires propres à l'élève gaucher

Troisième partie. L'accompagnement de l'élève gaucher

Intérêt de l'ouvrage

But

– Faire prendre conscience que les gauchers, qui sont minoritaires, ont à s'adapter à un monde « à l'envers » pour eux.

– Accompagner les élèves gauchers ; soulager le travail des enseignants ; rassurer les parents.

Méthode

– Connaître et comprendre le gaucher.

– Le faire bénéficier d'une méthodologie adéquate à son fonctionnement particulier.

Chacun restera libre d'en appliquer les principes en fonction de son sens pédagogique et de son expérience professionnelle.

Précisons d'emblée, tant les dogmes sont dangereux, que le vrai et souvent le seul responsable d'éventuelles difficultés des gauchers, c'est l'environnement droitier et non le fait d'être gaucher. Le gaucher est tout à fait « normal » et au moins autant apte que quiconque.

Nous verrons combien cet avertissement est primordial avant de mettre à la disposition des enseignants un document clair, leur permettant de comprendre la raison d'une pédagogie adaptée à leurs élèves gauchers et de savoir que faire concrètement.

Cela ne leur occasionnera pas un travail supplémentaire. Au contraire, plusieurs de leurs confrères, ayant fait des essais en classe, nous confirment qu'ils ont moins d'élèves en difficulté grâce à une méthodologie appropriée.

Le but n'est pas de se substituer aux compétences pédagogiques, mais d'éclairer certains défis que doivent relever les élèves gauchers. Ces défis, hélas encore trop ignorés, impliquent de la part de ces élèves, des efforts inconnus de leurs camarades droitiers, surcroît d'effort qui ne va pas sans conséquences.

L'élève gaucher, c'est celui dont la main usuelle est la gauche. La dominance d'un pied est très secondaire pour l'apprentissage de la lecture et de l'écriture. Celle de l'œil directeur est intéressante et utile à considérer.

L'ouvrage s'adresse donc essentiellement aux enseignants de l'école primaire.

Ils trouveront ici précisés et développés les thèmes concernant les problèmes scolaires des gauchers. La mise en application de cette nouvelle approche de l'élève gaucher par des enseignants du primaire nous donne un recul déjà édifiant et très encourageant. Les faits et témoignages récents montrent, hélas, que trop d'idées reçues, ainsi qu'une absence de prise de conscience de la réalité du problème, freinent encore l'évolution en marche.

Combien d'enfants concernés ?

Des chiffres édifiants

D'après l'INSEE, au recensement de 2004, la France comptait quinze millions de jeunes âgés de 0 à 19 ans. Cela fait à peu près 800 000 enfants ou adolescents par année d'âge.

Parmi eux se trouvaient 20 à 25 % de gauchers, d'après les neuroanatomistes.

Cela représente 3,75 millions de gauchers pour la tranche d'âge de 0 à 19 ans, dont 3 millions de gauchers scolarisés répartis entre le primaire et le secondaire. Soit près de 1,5 million d'élèves gauchers à l'école primaire, autant dans le secondaire.

Même en acceptant 5 % de « non encore latéralisés » à la naissance, et en basant nos calculs sur le chiffre minimal de seulement 20 % de gauchers, nous resterions encore dans une fourchette de 1,2 million à 1,5 million de gauchers à l'école primaire.

Dans notre propre enquête menée conjointement en 2005 avec www.lesgauchers.com, nous en avons trouvé seulement 800 000 dans le primaire, ce qui ramène à 13 % en milieu scolaire. Cette enquête porta sur près de 9 000 élèves comptés dans quatre régions différentes. Nous avons compté 15 % de garçons et 10 % de filles.

Ces deux derniers chiffres sont conformes à l'origine hormonale (testostérone) de la latéralisation gauche.

Sur l'ensemble de la population française, 13 % représenteraient déjà 8 millions de gauchères et de gauchers pour la population totale et 2 millions pour la population scolarisée avant l'âge de 19 ans.

Mais que sont devenus les 7 à 12 % manquants ? (20 à 25 % à la naissance et seulement 13 % en âge scolaire). Ils constituent le groupe de gauchers inconnus car orientés très tôt à main droite, dans des conditions et pour des raisons multiples. Soit, pour un pourcentage moyen de 10 % de contrariés, environ un million et demi de gauchers contrariés pour l'ensemble de la population avant l'âge de 19 ans.

L'âge crucial

Considérons la tranche d'âge qui nous intéresse le plus ici, celle de l'apprentissage de base : elle concerne surtout les élèves âgés de 4 ans, 5 ans, 6 ans et 7 ans. Soit un total de 3 millions élèves. (Source INSEE.)

Parmi eux, 13 % écrivent de la main gauche, soit, pour cette seule tranche d'âge, **près de 400 000 apprenants gauchers** écrivant effectivement de la main gauche.

Toujours pour cette tranche d'âge, ne portant que sur quatre années, il faut ajouter presque autant de gauchers non comptés comme tels car orientés à main droite. Il s'agit des 7 à 12 % de gauchers signalés ci-dessus. Donc, **deux cent cinquante mille à quatre cent mille enfants** âgés de 4 à 7 ans sont, pour la rentrée 2006-2007, concernés par l'oubli de leur latéralité prévalente, ou pire mais rare, par son non-respect volontaire.

Des chiffres en évolution

Il y aura de plus en plus d'élèves écrivant de la main gauche. Pourquoi ? Avant tout parce que la diminution du nombre de contrariés augmentera d'autant celui des gauchers reconnus. On tend vers un minimum de 20 % de la population.

Des études américaines prétendent que nous en sommes déjà à un potentiel d'au moins un tiers et plus, mais ces données nous semblent émaner de bases encore trop fragiles pour nous en prévaloir.

Quoi qu'il en soit, l'enseignant doit d'ores et déjà se préparer à gérer des effectifs comprenant un quart d'élèves gauchers, avérés ou non.

Des ambidextres ?

Certaines études[1] comptent 15 % d'ambidextres dont 3 % de mal latéralisés vivant plutôt mal une situation qui est plus une absence de latéralité qu'une ambidextrie.

Ces ambidextres représentent pratiquement le pourcentage qui nous manque pour obtenir les 25 % de gauchers innés. Est-ce une coïncidence ? L'argument chiffré seul est insuffisant pour ranger tous les ambidextres dans la catégorie des contrariés, même si nous avons des arguments cliniques par ailleurs.

Le paradoxe

Bien qu'intellectuellement et gestuellement égaux aux droitiers, certains enfants gauchers sont en difficulté lors des apprentissages de base – lire, écrire et même pour le repérage spatial de l'orientation droite/gauche – alors qu'ils sont très doués en sens tridimensionnel.

L'inégalité des chances

Le gaucher doit s'adapter à un univers droitier :
– écrire et lire dans un sens inverse à son sens naturel ;
– manipuler un outillage non conçu pour lui ;
sont des « petites » contrariétés aux conséquences trop sous-estimées, sur le plan de la réussite scolaire notamment, et encore insuffisamment compensées du fait de l'absence de pédagogie appropriée.

« *J'enseigne depuis près de trente ans et je n'ai jamais rien fait de particulier pour mes élèves gauchers, je les ai toujours laissé faire, et je ne sais même pas si cette année il y en a dans ma classe.* » N. Instituteur, 2006.

Il est très fréquent de recueillir ce genre de témoignage. Certes, il montre l'évolution des idées. *A priori* on ne contrarie plus les élèves gauchers, mais il montre aussi la carence informative sur les problèmes qui subsistent. En effet, on pourrait s'attendre à ce que tout soit résolu depuis que l'on ne contrarie plus les gauchers, du moins à l'école.

L'évolution des idées et des connaissances en faveur des élèves en général et des élèves gauchers en particulier est bien en marche. Après l'époque où les gauchers étaient systématiquement interdits de main gauche est

1. Jacqueline Fragard, chercheuse au CNRS, *Droitiers, gauchers des asymétries dans tous les sens*, Solal, 2004.

venue celle où l'on est censé les laisser faire. Nous pourrions en rester là, sans revenir en arrière, ce qui serait acceptable pour beaucoup. Néanmoins, confrontés aux multiples témoignages des familles concernées, un authentique phénomène médico-social apparaît de cet ensemble de faits. Il nous semble donc opportun d'envisager une troisième époque. Celle où l'on ne se contenterait plus de laisser faire mais où l'on **accompagnerait** le gaucher afin qu'il y ait égalité de chances. Nous justifierons cette proposition.

Des responsables « contrariants »

Le plus difficile à accepter, car c'est inacceptable aujourd'hui, c'est l'enseignant qui refuse les gauchers et les contraint systématiquement à se servir de leur main droite. De tels enseignants, mal informés sans doute, existent encore sporadiquement çà et là.

Ce manque d'information est général et ne concerne pas que le milieu enseignant. On signale des cas de non-respect de la latéralisation prévalente au niveau des crèches également, car c'est un âge où il est facile de se tromper. De même, il existe encore des parents qui eux-mêmes refusent d'avoir un enfant gaucher.

Des éclaircissements à ce sujet seront donc indispensables pour tous, même si le plus important et le plus général n'est pas le cas d'un élève gaucher contrarié mais celui d'un élève gaucher autorisé à écrire avec sa main gauche mais non aidé dans son effort à relever des défis inconnus de ses camarades droitiers. Nous verrons lesquels.

1

Mieux connaître l'élève gaucher

SOMMAIRE

1. Quelques bases anatomiques et physiologiques

L'essentiel du message de cet ouvrage se comprend sans qu'il soit indispensable de se replonger dans l'anatomie et la physiologie. Toutefois un rappel, même succinct, devrait permettre d'éclairer les caractéristiques des uns et des autres, droitiers et gauchers. Il devrait en découler de la part de l'enseignant une perception plus juste des efforts différents demandés aux uns et aux autres.

Anatomie cérébrale schématisée

Chez l'homme, le cerveau est constitué de deux parties bilatérales, les hémisphères cérébraux, et de parties unilatérales et médianes telles le cervelet et les structures limbo-reptiliennes.

Les deux hémisphères cérébraux sont les plus importants à considérer pour le motif qui nous occupe ici. Les rôles de coordination du cervelet et hormonales et végétatives du secteur limbique et reptilien sont toutefois intéressants à décrire du point de vue des mécanismes d'apprentissage et de leur rôle dans le comportement au sens large.

Nous schématiserons à l'extrême car les différentes structures s'imbriquent autant que leurs fonctions.

✓ Le cerveau reptilien

Il correspond essentiellement au tronc cérébral et au bulbe rachidien. Anatomiquement parlant, c'est la tige centrale sur laquelle sont venus ultérieurement s'organiser les autres « cerveaux ». C'est le cerveau le plus primitif, tant par son origine que par ses fonctions. Les vertébrés inférieurs et les reptiles ne disposent que de ce seul cerveau.

Ce cerveau reptilien assure le végétatif involontaire, les instincts, c'est-à-dire le minimum vital – vivre, survivre, se reproduire. Il répond de façon stéréotypée et induit des schémas comportementaux toujours identiques pour un stimulus donné car il n'a pas de mémoire.

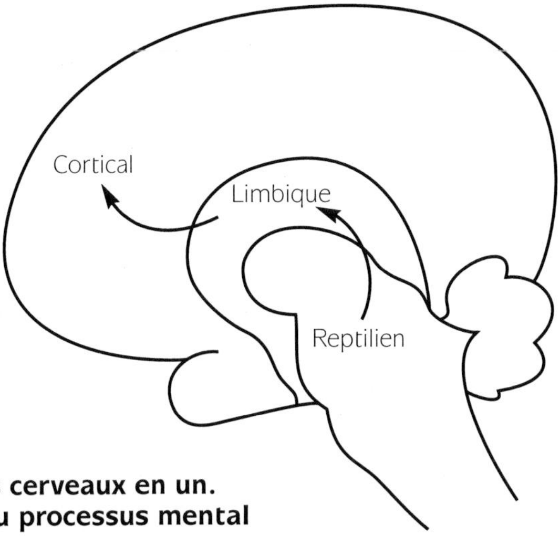

**Trois cerveaux en un.
Sens du processus mental**

✓ Le cerveau limbique

Étymologiquement le limbe est ce qui entoure, ce qui borde.

Anatomiquement, le cerveau limbique correspond surtout au thalamus et à l'hypothalamus qui, au cours de l'évolution, sont venus s'organiser autour du cerveau reptilien et plutôt au-dessus. Le chat et le rat ne disposent que de ces deux cerveaux, reptilien et limbique, et d'une ébauche de cortex.

Étant le cerveau émotionnel et affectif, le système limbique permet de ressentir et de distinguer l'agréable et le désagréable pour fuir, refuser ou pour « aller vers ». Il abrite le fameux circuit de Papez, siège de la mémoire, notamment à court terme, la mémoire de fixation.

✓ Le cerveau cortical

Le cortex apparaît chez les mammifères et se développe surtout chez les primates dont l'Homme. Il enveloppe les autres structures et surtout les surplombe d'avant en arrière.

Avec lui, la pensée et le libre arbitre deviennent possibles. On peut répondre de façon différente à une même situation. Concepts, conscience, langage et créativité dépendent de lui.

La pensée est ascendante

La thèse qui a prévalu la première est celle selon laquelle le cerveau cortical, étant le plus évolué, était le maître des décisions. Ainsi, le processus mental se ferait de haut en bas, du cortex vers les structures limbo-reptiliennes. Actuellement, on sait[2] que c'est souvent l'inverse. Le basique et l'émotionnel peuvent imposer leur veto à « l'intelligence » et à la « raison ». Ils ne s'en privent pas. Henri Laborit nous enseigne que les informations issues du cortex doivent être filtrées par le système limbique avant d'être suivies d'effet. L'agressivité, au lieu de la discipline, viendrait dans ce cas de la suprématie du limbique. Plus simplement dit, l'affectivité peut favoriser un comportement social ou l'empêcher.

Le cerveau limbique bloquera un enseignement si sa source est associée à un souvenir émotionnel négatif. Dominé par ce cerveau archaïque, on acceptera ou on refusera une proposition, non en fonction de son contenu mais en fonction d'un vécu émotionnel inconscient[3].

C'est toute la force d'une mauvaise expérience mémorisée dans l'affectif limbique qui pèse sur le comportement pour un temps indéterminé. Il faudra s'en souvenir pour comprendre certains de ces comportements et en désamorcer le mécanisme autant que faire se peut. Mais il est plus facile de prévenir.

« *Toute intervention pédagogique devra tenter de réconcilier le cognitif avec sa base affective sous-corticale et ménager un contexte non menaçant, enrichissant et chaleureux, dans lequel l'apprenant se sent interpellé totalement.* » (Hélène Trocmé-Fabre. *J'apprends donc je suis*, Éditions d'Organisation).

Deux hémisphères, deux cerveaux

Outre cette organisation verticale, le cerveau peut être étudié dans son organisation horizontale.

Chaque hémisphère cérébral peut, en grande partie, suppléer une défaillance de l'autre. On peut voir dans cette possibilité une assurance prévue par la Nature contre un accident éventuel. Dans la réalité, ce n'est pas aussi rassurant.

Ils ont en commun leur fonctionnement général basé sur le croisement des fibres mais diffèrent anatomiquement.

2. Paul LaViolette, Portland, Oregon, États-Unis.

3. *Cf.* Linda V. Williams, *Deux cerveaux pour apprendre*, Éditions d'Organisation, 1996.

Le croisement des fibres

En raison du croisement des neurones de commande, c'est le cerveau droit qui gouverne la motricité du côté gauche du corps. Le cerveau gauche commande donc celle de l'hémicorps droit. Ce croisement des fibres de commande ne sera pas confondu ultérieurement avec la notion de latéralité croisée.

Le croisement des commandes

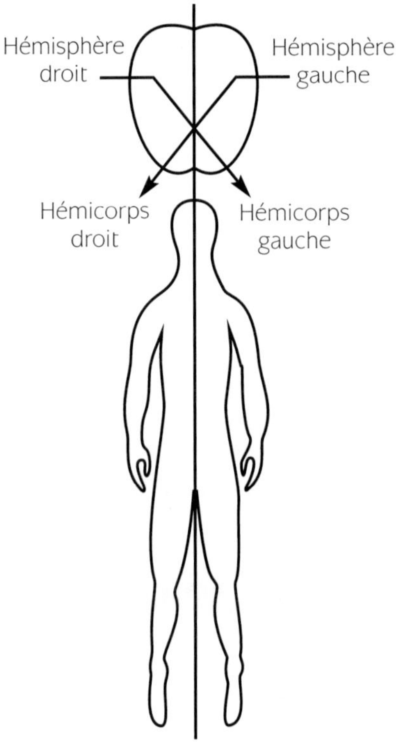

Les différences anatomiques

Les neuroanatomistes décrivent des différences d'organisation physique permettant de distinguer un cerveau de droitier de celui d'un gaucher[4].

✓ Le corps calleux

Les deux hémisphères cérébraux sont réunis par un faisceau de fibres appelé « corps calleux ». C'est leur organe de communication, sorte de téléphone biologique permettant leur concertation avant une prise de décision gestuelle ou cognitive. Il est plus développé chez le gaucher. Cette différence anatomique laisse prévoir plus de concertation inter-hémisphérique chez le gaucher que chez le droitier.

✓ La symétrie des hémisphères cérébraux

Alors qu'ils sont asymétriques chez le droitier, les deux hémisphères cérébraux sont symétriques chez le gaucher.

✓ Le « planum temporale »

Le planum temporale est, grosso modo, la zone corticale du lobe temporal dévolue au langage. Chez les gauchers, il est autant déve-

4. Travaux de A.-M. Galaburda, directeur du laboratoire de neuroanatomie à l'hôpital Beth Israël de Boston, 1987. N. Geschwind, Simonds, Scheibel (1989).

loppé d'un côté que de l'autre. Chez le droitier, cette zone du langage n'est développée que du côté cérébral gauche.

Cette symétrie des centres de commande et de gestion caractérise le cerveau des gauchers.

Le rôle de la testostérone, hormone mâle, est essentiellement retenu pour expliquer la genèse de ces différences anatomiques. Toutes les études statistiques montrent, ceci confirmant cela, un plus grand nombre de garçons gauchers que de filles. 15 % de garçons et 10 % de filles écrivent avec la main gauche en 2005 dans les écoles et les collèges français (www.lesgauchers.com). En 1997, Hepper comptabilisait 13,9 % de garçons gauchers et 8,8 % de filles gauchères.

Plus nous les comprendrons et les accepterons, moins nous les contrarierons, d'où la progression des gauchers dans les statistiques des pays occidentaux.

✓ Pourquoi plus de garçons gauchers que de filles ?

Il est intéressant de noter que c'est un taux moindre de testostérone qui induit un cerveau à structures symétriques donc de gaucher. Une hormone sexuelle est surtout active sur sa cible. La testostérone est donc moins active chez la fille que chez le garçon. Il est donc compréhensible que ce sont eux qui seront les plus influencés par toute variation du taux de leur hormone de prédilection. Quel que soit le sens d'action de leur hormone, ils seront les premiers à y réagir.

Les différences fonctionnelles

Toujours très schématiquement exposé, le cerveau droit est classiquement le siège de l'intuition, de la vision spatiale, du sens et du pourquoi des choses. Son homologue gauche est plutôt le siège de l'analyse, du langage, du comment faire les choses. C'est lui qui analysera les données, par exemple analyser un visage. Mais c'est le cerveau droit qui conclura quant à l'identification de la personne. En réalité les deux sauraient le faire, mais pas avec la même perfection.

Le cerveau gauche, celui qui prédomine chez le droitier, est analytique ; le cerveau droit, qui prédomine chez le gaucher, est plus « global ». Le symbolisme de l'art, du dessin, est plus le fait donc de l'hémisphère droit.

Pour gérer le geste qui dessine avec la main droite, le cerveau gauche du droitier doit d'abord dialoguer avec son homologue droit pour bien appréhender l'espace en deux dimensions.

L'élève gaucher est *a priori* plus apte que l'apprenant droitier à dessiner les lettres. Mais l'écriture cursive n'est pas un dessin et le gaucher ne peut pas pleinement bénéficier de cet avantage pour les raisons exposées plus loin.

Puisque nous avons présenté l'aptitude à synthétiser globalement les informations pour le cerveau droit, celui qui prédomine chez le gaucher, faisons une mise en garde. L'Éducation nationale a sa bataille d'Hernani entre les partisans de la méthode analytique et ceux des méthodes globale et mixte pour enseigner la lecture. Il n'est pas de la compétence de cet ouvrage de trancher ni de s'immiscer dans ce débat mais simplement d'éviter la confusion qui pourrait naître de la similitude des mots. La particularité physiologique synthétisante, globalisante, du cerveau droit n'indique pas que la méthode dite « globale » serait plus appropriée au gaucher qu'au droitier. Si une méthode est bonne ou mauvaise, elle devrait l'être pour les deux latéralités. Cette fonction de synthèse est dévolue au même hémisphère droit, aussi bien pour le droitier que pour le gaucher. La remarque vaut donc dans les deux cas.

Le cerveau du gaucher n'est pas un cerveau droitier inversé

En étudiant les cerveaux respectifs des gauchers et des droitiers, il a été observé des différences tant anatomiques que fonctionnelles.

Nous avons déjà mentionné le corps calleux. D'autres structures les distinguent. Le cerveau des droitiers est fonctionnellement asymétrique, les deux lobes sont sensiblement de même volume. Celui des gauchers est plus symétrique, mais avec un planum temporale plus développé du côté droit et un gyrus angulaire moins développé. Le droitier a un seul centre du langage, situé dans son lobe gauche. Le gaucher a aussi cette disposition, mais en plus, une fois sur trois, il présente un deuxième centre du langage à droite.

Les fonctions intuitives et spatiales restent sises à droite aussi bien chez le gaucher que chez le droitier. Les deux centres, celui de la vision spatiale et celui de l'exécution du geste, sont donc côte à côte chez le gaucher. C'est pourquoi, il sera prédisposé au dessin ou à la sculpture. C'est la même explication qui prévaut pour expliquer ses succès dans les sports demandant une excellente vision spatiale et une grande rapidité et justesse du geste. Pour le droitier, il faut une concertation entre les deux hémisphères avant la réalisation du geste. Ce n'est pas un obstacle insurmontable, mais c'est un défi qu'ignore le gaucher, dans ces exercices-là du moins. Il en trouvera d'autres ailleurs.

La possibilité d'avoir deux centres du langage, d'une part, et l'hyperfonctionnalité du corps calleux, d'autre part, expliquent que le bégaiement sera chez le gaucher une expression facile d'un stress, alors qu'un droitier l'exprimera par d'autres symptômes. Le dialogue entre deux centres du langage au moment de trouver ses mots ne peut que jeter le trouble, en effet. Il est possible que les filles gauchères soient moins concernées par cette double localisation de centre du langage car le bégaiement n'est pas leur apanage.

Grâce à ces quelques précisions, nous comprenons mieux pourquoi droitiers et gauchers exprimeront différemment leurs souffrances, même lorsqu'elles sont identiques. Nous comprendrons également pourquoi les défis d'apprentissage des uns ne sont pas ceux des autres et pourquoi il conviendra de moduler l'enseignement et la pédagogie.

Lire et écrire nous semble tellement « banal » qu'on en oublie l'énorme complexité des mécanismes cérébraux qu'impliquent ces deux fonctions. Il faudra s'en souvenir pour comprendre et admettre les différences de rythme d'apprentissage des uns et des autres et l'existence parfois de difficultés plus profondes et plus durables comme la dysgraphie ou la dyslexie.

Hémisphère gauche, face externe

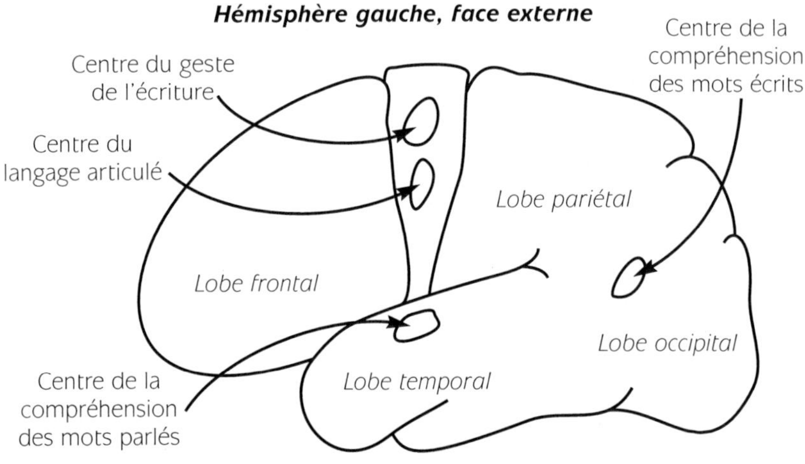

Complexité des fonctions lecture/écriture
Plusieurs aires en jeu impliquant des circuits de coordination

Cerveau de droitier

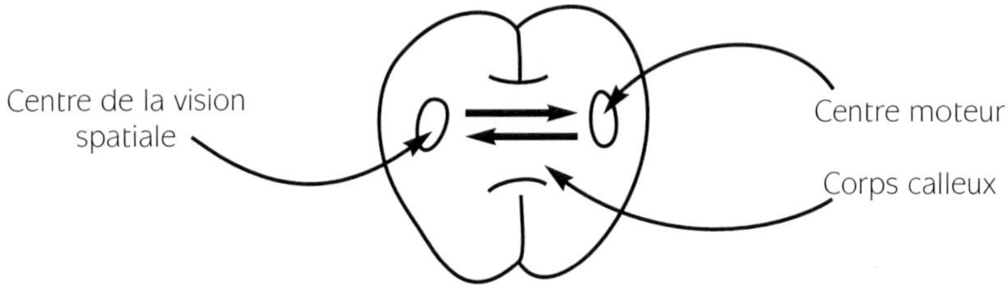

Action retardée par le dialogue interhémisphérique préalablement nécessaire

Cerveau de gaucher

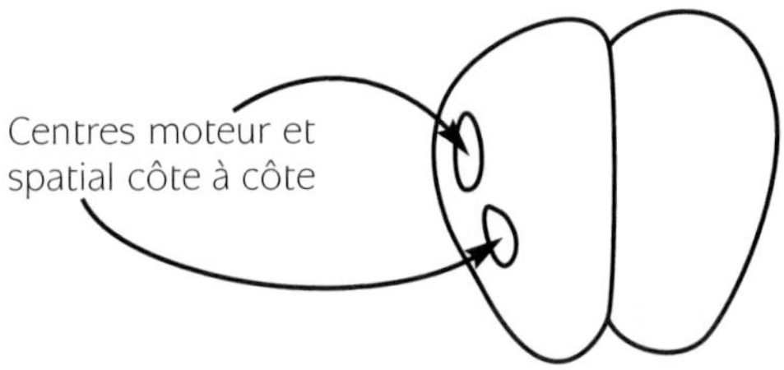

Action rapide car décision sans dialogue interhémisphérique

2. Les différents gauchers

Il y a gaucher et gaucher. Non seulement il y a des droitiers et des gauchers, mais en plus on distingue plusieurs sortes de gauchers.

Gaucher ou droitier ?

Chacun sait ou croit savoir ce que l'on entend par « gaucher » et « droitier ». Et pourtant, le sens commun ne suffit pas à éviter des malentendus, et hélas des erreurs de repérage dont certains élèves feront les frais. Voici quelques définitions préalables.

✓ Gauche. Gauchir

L'origine du mot gauche est assez ancienne et plutôt incertaine, plusieurs hypothèses ont été avancées. Le verbe « gauchir » serait une altération de l'ancien français « ganchir », signifiant « faire des détours », en vigueur au moins depuis 1181, et « guenchir » à l'origine de notre verbe « guincher », danser. Vers 1398, le sens évolue en « dévier » et, en 1580, il est synonyme de « s'écarter de la direction initiale » et sans doute « normale ». Déjà en 1225, on le trouve avec le sens adverbial « de travers ». En 1660, on peut relever l'association à connotation péjorative avec les personnes considérées malhabiles parce que leur main usuelle n'est pas celle de la majorité. On les qualifiera donc de gauches, et plus tard sans doute de gauchers[5].

Droite vient de « destre » dont nous avons fait dextérité pour qualifier l'habilité.

Bornons-nous à relever que cet amalgame linguistique favorable aux uns, « les droitiers », et défavorable aux autres, les « gauches », n'est pas un fait récent. Les raisons de cette association devraient disparaître avec précisément une meilleure compréhension de l'ensemble de la situation.

---

5. Sources : Dictionnaires Larousse et Le Robert, Dictionnaire historique de la langue française.

✓ Latéralité. Latéralisation

La latéralité est la dominance fonctionnelle d'un côté du corps. La latéralisation est le mécanisme biologique qui la met en place.

L'égalité en force et en habileté des deux moitiés corporelles n'existe pratiquement pas, ni chez l'homme ni chez l'animal. Un côté est toujours plus développé et plus performant que l'autre. Il est dominant ou prévalant sur son homologue. On parlera de dominance ou de prévalence hémicorporelle, ou plus simplement d'asymétrie.

Il sera donc naturel de préférer se servir de son côté fort ou habile, qu'il s'agisse de la main, du pied ou de l'œil.

Cette latéralité, même si elle est prédéterminée par des facteurs génétiques se mettra en place progressivement au cours de la petite enfance par un processus dit de latéralisation. Loin de n'être qu'une digression linguistique, ces précisions sur ces deux termes expliquent une confusion lourde de conséquence. En effet, confondant latéralité et latéralisation, on a pu croire qu'on ne naît pas gaucher et que, dès lors, on peut le devenir. Fort de cette conception erronée sur l'origine des gauchers, on s'autorise hélas à peser sur le choix de la main qui « doit » écrire pour être conforme à la norme.

✓ Latéralité homogène et latéralité hétérogène

➤ *Latéralité homogène*

La prévalence latérale est dite homogène quand la main usuelle, le pied préférentiel et l'œil directeur, celui qui oriente le regard et force l'autre à regarder dans la même direction, mais aussi l'oreille et l'odorat sont latéralisés du même côté. On parle de droitiers et de gauchers homogènes ou intégraux.

➤ *Latéralité hétérogène*

L'évidence quotidiennement observée nous montre des individus gauchers de la main et droitiers du pied, avec un œil directeur parfois à gauche, parfois à droite. Ce sont ces cas d'hétérogénéité, de latéralités également dites croisées, qui peuvent tromper l'observateur non averti.

Statistiquement, on compte :
– 56 % de droitiers homogènes avec une plus forte proportion de femmes.

Parmi les hétérogènes :
– 10 % seulement de latéralités croisent la main et le pied ;
– 26 % de latéralités croisées entre la main et l'œil.

Autrement exprimé, 9 fois sur 10, les membres préférés sont du même côté en ce qui concerne le pied et la main et, 3 fois sur 4, connaître l'œil directeur indique la main la plus compétente. Nous verrons que ce dernier rapport est précieux en cas de doute pour repérer un gaucher car il est très facile de déterminer l'œil directeur.

➤ *Ambidextres*

Étymologiquement, on désigne ainsi les personnes qui seraient aussi habiles des deux mains. En réalité la Nature nous fait bien latéralisés et bien repérés par rapport à notre corps et à ses aptitudes gestuelles.

L'ambidextre n'est donc pas celui qui sait ou peut faire tout indifféremment d'une main ou de l'autre. C'est plutôt quelqu'un qui fait certaines choses d'une main et qui change de main pour d'autres activités. Il s'agit souvent, comme nous le verrons plus loin, du résultat d'un effort d'adaptation rendu nécessaire par l'empêchement ou par l'interdit de fonctionner selon sa vraie latéralité, par exemple pour écrire. Contraint pour certains gestes sociaux, le naturel s'impose pour les gestes personnels.

Dans certains cas, il peut aussi s'agir d'une disposition innée. Par exemple, tel ambidextre déclarera écrire de la main droite mais ne pourra dessiner qu'avec la main gauche. S'agit-il d'un gaucher contrarié ? Peut-être, mais pas forcément car le cerveau qui gère l'activité artistique, ici le dessin, reste l'hémisphère droit aussi bien chez le gaucher que chez le droitier.

➤ *Dyslatéralisés*

Quand la maturation du système neuromoteur n'est pas pleinement achevée, on peut rester mal latéralisé, ce qui est un handicap. La plupart des spécialistes médicaux et paramédicaux s'accordent pour nier au gaucher une prédisposition aux problèmes de santé qu'on leur attribue à tort. En revanche, ils admettent que ce sont les individus mal latéralisés ou dyslatéralisés qui motivent des interventions thérapeutiques.

Il est clair qu'au moment de décider d'agir, il ne convient pas de tergiverser sur le choix de la main à laquelle on va recourir. De telles hésitations permanentes ne peuvent qu'engendrer des maladresses et un malaise dans la perception de soi-même. Que l'on se rassure, ces complexités physiologiques sont relativement rares en comparaison de l'ensemble du problème qui va retenir notre attention. Ce n'est pas sur ces 3 à 5 % de cas qui ne seront pas de son ressort que l'enseignant doit baser son effort mais sur les 20 à 25 % de gauchers plus ou moins fortement latéralisés.

➤ *Gauchers forts et gauchers faibles*

Pour être complet sur ce thème des différents gauchers, on peut préciser que les neuropsychologues distinguent en effet trois niveaux de force latéralisante. Nous avons des gauchers forts, moyens ou faibles, non en fonction de leur force musculaire ou autre paramètre intellectuel, mais en fonction de l'écart de niveau performant entre ses deux côtés. Plus cet écart est grand et plus on est latéralisé, bien repéré, clair et solide dans son mode de fonctionnement.

Un gaucher fortement latéralisé ne se laissera pas facilement contrarier et en reviendra avec conviction et persistance à sa main dominante. Un gaucher faible n'imposera pas avec la même conviction sa latéralité innée et se laissera plus aisément influencer.

Cette forte et sans doute bonne latéralisation peut se mesurer avec des examens neuromoteurs comme la mesure du tonus postural de base dont nous parlons dans le chapitre consacré à l'origine de l'asymétrie fonctionnelle.

3. Origine de la dominance corporelle gauche

Pour mieux connaître et donc mieux comprendre le gaucher, il faut prendre conscience de l'origine et du mécanisme d'établissement des asymétries corporelles et fonctionnelles.

Penser que l'on ne naît pas gaucher mais qu'on le devient est une contre-vérité qui nuit aux gauchers.

Nous nous sommes mis dans l'hypothèse où l'on ne contrariait plus personne. Mais puisqu'il existe encore de rares cas de non-respect de la latéralité dominante de l'enfant, il faut combattre le dogme dangereux qui incite à ces regrettables contrariétés. Leur justification, par la thèse selon laquelle la latéralisation se met en place tardivement, ne tient plus face aux découvertes actuelles sur l'origine organique et congénitale de la prévalence hémicorporelle.

Le débat entre les partisans des thèses génétique et organique et ceux des thèses environnementale et culturelle évolue progressivement en faveur des premiers au fur et à mesure que des données scientifiques nouvelles sont publiées. Mais si le facteur génétique est de plus en plus souvent invoqué et démontré, il n'en demeure pas moins que le rôle environnemental ne sera jamais nul. Les partisans des thèses héréditaire et congénitale devront se contenter d'une approche asymptotique de leur idéal théorique.

Origine génétique

L'argument familial

Il existe incontestablement des familles de gauchers. Trouver des ascendants eux-mêmes gauchers chez un gaucher est extrêmement fréquent. Vouloir en faire la démonstration par l'application des lois génétiques de Mendel sera peut-être possible. Actuellement, c'est plutôt

difficile car des générations de gauchers contrariés faussent l'approche numérique fiable. Des études statistiques diverses permettent cependant de se faire une idée :
- 46 % d'enfants sont gauchers quand les deux parents le sont ;
- 17 % seulement si un seul parent l'est ;
- 6 à 13 % si les antécédents familiaux sont plus éloignés.

La mère transmettrait mieux que le père cette particularité. Il est remarquable que des grands-parents gauchers contrariés continuent d'engendrer des progénitures de gauchers alors même qu'ils ne donnent pas l'exemple de gauchers puisqu'ils fonctionnent à la façon des droitiers.

Des études faites sur des enfants adoptés montrent que les statistiques ci-dessus sont respectées même si les bébés sont adoptés par des parents droitiers. La force biologique latéralisante innée n'est pas aussi inévitable dans ses résultats que pour déterminer la couleur des yeux. Si cette dernière échappe entièrement aux pressions environnementales, il n'en est pas de même pour la transmission de la latéralité, même si les constats statistiques restent dans ce cas très significatifs.

L'argument anatomique

✓ Les différences anatomiques

Les différences anatomiques exposées précédemment sont utiles pour définir le nombre de gauchers réels et plaident en faveur de la thèse organique et héréditaire de l'origine de la prévalence hémicorporelle gauche.

À partir de ces observations, les différents auteurs comptent :
- 25 % de cerveaux anatomiquement gauchers ;
- 70 % de cerveaux droitiers ;
- 5 % de non latéralisés.

✓ Le repérage prénatal

Ces caractéristiques anatomiques, ainsi que d'autres plus fines et aussi rébarbatives au profane qu'inutiles à trop préciser ici, sont mises à profit pour démontrer la possibilité de connaître la latéralité de l'enfant avant même sa naissance, dès le stade fœtal. Par exemple James Rivière dans « Le développement psychomoteur du jeune enfant », chez Solal, cite Lacreuse qui en 1994 démontre la possibilité d'établir, dès la 29e semaine de gestation, la latéralité future de l'enfant à naître. Il se base sur ces différences anatomiques cérébrales analogues à celles observées chez l'adulte.

✓ La spirale d'implantation capillaire

La spirale d'implantation capillaire a l'avantage d'être un signe objectif facilement repérable.

En 2005, lors de mon étude la concernant, j'ai compté que :

– le sens de rotation de la spirale capillaire, constat anatomique indépendant de l'environnement et de l'éducation, indique l'œil directeur de 8 à 9 fois sur 10. Sans cette forte proportion, il eût été prématuré d'en faire état.

De quoi s'agit-il ? L'implantation des cheveux ne se fait pas au hasard. Elle se fait selon un dessin spiralé dont le centre est à l'occiput, en arrière et vers le sommet du crâne, légèrement décalé d'un côté.

Cette spirale tourne tantôt vers la droite (dextrogyre), tantôt vers la gauche (lévogyre).

Le fait que cette spirale tourne le plus souvent vers la droite est à mettre en parallèle avec la plus forte représentation d'individus droitiers dans la population. Existe-t-il un rapport entre le sens de cette spirale capillaire et l'asymétrie corporelle et fonctionnelle du reste du corps ?

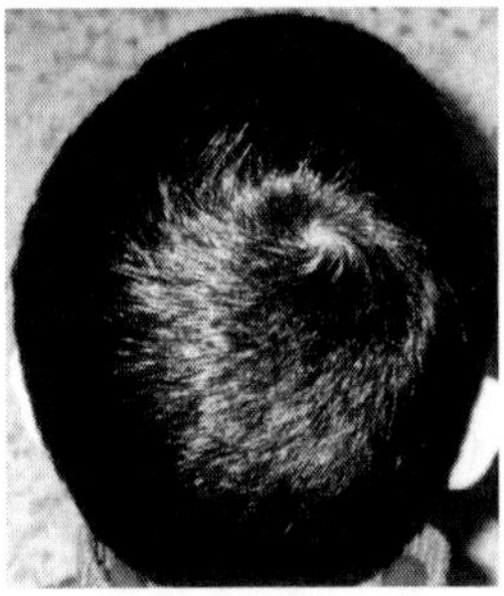

Spirale dextrogyre
77 %

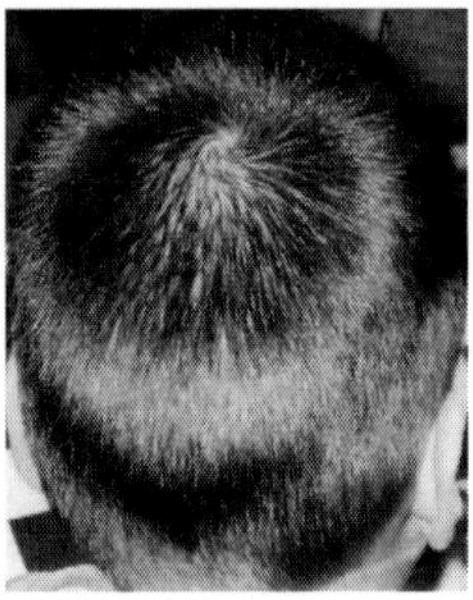

Spirale lévogyre
20 %

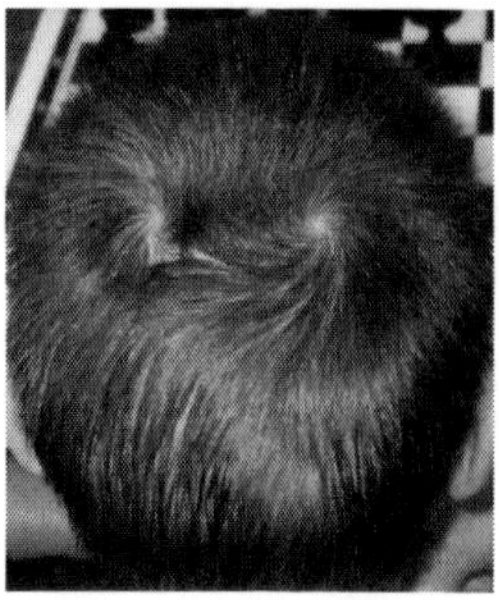

Spirale double
3 %

Dans le cas de spirale capillaire lévogyre, j'ai trouvé 5 fois plus de gauchers que de droitiers alors qu'ils sont minoritaires par ailleurs. Cette présomption de la main dominante située du même côté que l'œil directeur est confirmée par d'autres études montrant leur coexistence dans des proportions allant de 2,5 à 3 fois sur 4 selon les auteurs consultés. Deux quantités égales à une même troisième sont, en mathématiques du moins, égales entre elles. Autrement dit, la spirale capillaire indique très souvent l'œil directeur qui, à son tour, met souvent sur le chemin de la main dominante. Donc, la spirale capillaire nous aide à repérer la latéralité de l'intéressé. N'évoluant pas dans le domaine rigoureux des mathématiques, nous seront confrontés à des exceptions.

En clair :

– la spirale d'implantation capillaire lévogyre ferait prévoir une main usuelle et peut-être graphique gauche dans une proportion triple à celle observable dans un échantillon standard de population; elle peut attirer l'attention sur une possibilité de contrariété si l'intéressé écrit de la main droite;

– une spirale d'implantation capillaire dextrogyre indique presque toujours un œil directeur droit et très souvent un droitier;

– une spirale double indique-t-elle les individus mal latéralisés ? Ce n'est pas certain étant donné la rareté des études faites sur ce sujet.

Ma statistique ne portant que sur 346 cas mérite d'être vérifiée.

Un argument fonctionnel : la précocité de l'asymétrie du tonus musculaire de base

Une musculature a toujours un niveau de contracture et n'est jamais entièrement relâchée, sauf circonstances particulières telles une anesthésie générale profonde. Ce tonus est latéralisé, donc plus intense d'un côté du corps que de l'autre. L'intérêt de ce fait physiologique précis est de permettre un repérage de la latéralité quand subsiste un doute que les tests classiques n'ont pas pu lever.

Sa mesure des deux côtés, qui requiert l'intervention de spécialistes, donne une indication de la force de la latéralité en plus d'en préciser le côté dominant.

C'est ce tonus musculaire de base qui permet à un bébé, dès les premiers jours, de se retourner quand on le couche sur un côté. Au début, il ne peut le faire que d'un seul côté, le plus fort : c'est déjà un signe indicatif. Couché sur son côté faible, bébé reste immobile[6].

L'asymétrie de ce tonus s'exprime dès la naissance. C'est pourquoi l'enfant dormira plus souvent avec la tête tournée du côté de sa dominance hémicorporelle, à gauche pour le bébé « futur » gaucher, et réciproquement à droite pour le bébé droitier.

6. Travaux de A.L Gesell, directeur de la Clinique du développement de l'enfant. Yale, USA.

Cette tendance innée et spontanée est observable avec plus de fiabilité tant que la maturité neuromusculaire est insuffisante pour inciter à dormir alternativement sur les deux côtés[7].

Cette asymétrie gestuelle et fonctionnelle existe donc dès la naissance. On a pu la mettre en évidence par différents examens et tests autres que celui cité ci-dessus. Il est curieux de noter que, paradoxalement, elle sera moins nette à 2 ans qu'à 1 mois. En effet, l'immaturité du système nerveux et moteur s'exprime par une dominance du côté qui mature le plus vite. Au bout de quelques mois, le nourrisson et plus tard l'enfant seront assez évolués pour s'exprimer bi-manuellement, explorant leurs potentialités. Plus tard encore, la maturation étant achevée, l'asymétrie gestuelle et manuelle s'affirmera.

L'argument génétique

L'argument génétique à proprement parler commence à apparaître dans diverses publications. On peut citer la revue *Vivant* (numéro de mai 2005) :

« *Enfin, les récents progrès de la génétique moléculaire ont permis de localiser deux régions chromosomiques impliquées dans le degré de latéralité (et non dans la direction), dans des populations de frères gauchers. La première a été découverte en 1998 par l'équipe de Tim Crow, spécialiste de la schizophrénie (Department of Psychiatry, Warneford Hospital, Oxford) sur la région homologue des chromosomes X et Y ; la seconde a été repérée, puis confirmée, par l'équipe d'Anthony Monaco (Wellcome Trust Centre for Human Genetics, University of Oxford, Oxford) sur le chromosome 2 après un criblage extensif du génome. D'autres chromosomes pourraient être impliqués et plusieurs gènes concernés par la région du chromosome X détectée par le groupe de Crow. Les hypothèses ne manquent pas : liens avec les dyslexies, l'immunité, régions humaines homologues à celles de la souris impliquées dans la force de la préférence d'une patte sur l'autre,* etc. »

Le comportement in utero

Les mouvements et attitudes du fœtus sont à rapprocher des arguments génétiques. D'après Peter Hepper[8], sur les 75 enfants étudiés au

---

7. Jacqueline Fagard, chercheuse au CNRS. *Droitier/Gaucher, des asymétries dans tous les sens*, Solal, 2004.

8. Centre de recherche du comportement fœtal, Queen's University, Belfast.

stade prénatal par échographie, puis revus lorsqu'ils sont âgés de 10 à 12 ans:
– les soixante fœtus qui suçaient leur pouce droit donc avant de naître sont « devenus » droitiers;
– sur les quinze autres qui suçaient leur pouce gauche, dix seulement sont « devenus » gauchers.

Cette étude, commencée en 1991, montre que la détermination de l'asymétrie gestuelle est bien décidée avant la naissance. Les enfants ne sont pas devenus droitiers ou gauchers, ils le sont restés. D'autre part, l'influence éducative peut déjà être suspectée, notamment dans son sens unilatéral, la société droitière n'aurait détourné que les gauchers.

Origine organique

La position fœtale

On a également invoqué la position fœtale in utero. C'est la même pour une majorité de fœtus. Ainsi, une oreille serait orientée vers l'intérieur et stimulée par les bruits internes de la mère, l'autre, orientée vers l'extérieur, serait stimulée par les sons ambiants.

Ce mécanisme expliquerait qu'il y ait presque toujours un gaucher et un droitier chez les jumeaux. Dans ce cas gémellaire, si la génétique était en cause, les deux jumeaux seraient de même latéralité prévalente.

Les études de P. Grapelin et C. Perpère (1968) établissent une relation entre la position fœtale et l'asymétrie corporelle déterminant des gauchers et des droitiers. Ils remarquent en effet qu'en obstétrique, les bébés engagés et nés en OID (occipito-iliaque droite) seront gauchers, ceux nés en OIG (occipito-iliaque gauche) seront droitiers. Leur hypothèse sur une meilleure irrigation sanguine de l'hémisphère gauche, qui commandera l'hémicorps droit, est controversée, au profit de la stimulation auditive précitée.

On a tout simplement invoqué comme hypothèse explicative du rôle de la position fœtale, l'habitude prise d'avoir la tête tournée vers la droite dans les semaines précédant l'accouchement. Cette habitude expliquerait que, couchés sur le dos, la plupart des nouveau-nés dorment la tête tournée à droite et deviendraient ainsi droitiers.

Quoi qu'il en soit, génétique ou « corporelle », auditive ou vasculaire, la détermination de la future latéralité est mise en place in utero, donc avant la naissance. C'est cette précocité de l'installation d'une latéralité qui nous importe et que nous retiendrons dans l'intérêt de l'élève gaucher.

Les jumeaux

Les jumeaux homozygotes étant issus d'un même œuf devraient être latéralisés d'identique façon si le facteur génétique était seul en cause. Or, ce n'est le cas que une fois sur cinq. En revanche, si le facteur environnemental était primordial, cette constante répartition ne serait pas aussi fidèle. Au contraire, influençant plutôt dans le même sens, elle devrait aboutir à plus de jumeaux latéralisés identiquement.

En outre, cette proportion se retrouve pour les jumeaux hétérozygotes issus de deux ovules différents. C'est pourquoi certains chercheurs, forts de ce constat, ont un bon argument pour étayer la thèse de la position fœtale. Un des deux fœtus recevrait plus de stimuli auditifs venant de la mère, son jumeau faisant écran entre lui et l'extérieur. L'autre recevrait plus de stimuli auditifs venant de l'extérieur. En outre, l'un serait stimulé par une oreille et l'autre par l'oreille controlatérale, ce qui n'aurait pas la même incidence sur leur développement sensori-cérébral respectif.

L'incitation éducative

Si la pression environnementale était si déterminante, les gauchers auraient disparu du paysage social depuis longtemps. En effet, malgré les préjugés très accusateurs et les interdits, les gauchers ont toujours existé et ce en proportion si forte que l'on peut voir dans cette permanence une cause innée incontournable.

L'étude des squelettes permet de compter les gauchers des siècles passés. Steele et Simon l'ont fait en Angleterre, en 1995. Ils ont étudiés 80 squelettes retenus parmi les 122 exhumés d'un site archéologique (Wharran Percy, Yorkshire). Il s'agissait d'explorer les siècles passés. Ils ont trouvé 80 % de droitiers, 16 % de gauchers et 4 % d'indéterminés.

Les travaux de Bo Ingelmark (Allemagne, 1946) et de Schultz avaient démontré l'accentuation du développement du membre dominant, donc de son squelette.

Il est intéressant de noter que Schultz avait trouvé par cette méthode, en 1937, 79 % de squelettes droitiers, 18 % de gauchers et 3 % à développement égal. Ces chiffres ne sont pas ceux retrouvés par l'observation sur le vivant de gauchers écrivant de la main gauche. Sous la pression sociale, on écrit de la main droite mais on fait tout le reste avec sa main préférée, la gauche.

Le rôle de la pression environnementale est souligné par l'évolution des chiffres parallèle à l'évolution des idées tolérantes à l'égard des gauchers :

– au Japon, ils passent de 5,9 % en 1973 à 11,5 % en 1993 ;

– chez les Anglo-saxons, en 1970, ils sont 3 % chez les seniors âgés de 55 à 64 ans mais 11 % pour les jeunes de 15 à 24 ans, ces derniers ayant été plus épargnés par la pression droitière (étude faite en 1977 par Fleminger, Dalton et Standage).

Quoi qu'il en soit, il est remarquable que les proportions de droitiers, de gauchers et d'indéterminés soient analogues par delà les siècles et les pays. Cette observation met un bémol à l'importance du facteur éducatif sans l'éliminer entièrement.

Les partisans des thèses génétique et corporelle reconnaissent la possibilité de peser sur l'orientation définitive de la latéralisation. Selon les cultures et les continents, 30 à 90 % des gauchers sont orientés à main droite. Les États-Unis d'abord, l'Europe ensuite, sont les moins « détourneurs » de gauchers en herbe. Ils ont des proportions de gauchers supérieurs à l'Afrique et à l'Asie.

Main préférée et main dominante

Il ne faut pas confondre la main préférée et la main performante. Que des enfants « préfèrent » utiliser leur main droite, surtout dans certains milieux, est un fait qui ne préjuge pas de la main la plus performante qui, de par ce « choix » plus ou moins imposé, reste en retrait. Elle est mise au « chômage » culturel. La France de 2006 est certes moins concernée par ce phénomène mais concernée tout de même.

« *Je suis gauchère, mais je préfère me servir de ma main droite, surtout quand je ne suis pas seule* » [...]. Chantal, 55 ans.

« *J'ai toujours été gaucher, mais étant devenu ambidextre en cours, je préfère écrire de la main droite. Chez moi, je préfère écrire de la main gauche.* » Patrick, 25 ans en 2006.

Il est rare de rencontrer des personnes déclarant savoir écrire des deux mains avec facilité. Notons ici la notion de préférence qui n'est pas superposable à celle de prévalence.

Même si l'éducation, l'entourage, le mimétisme, peuvent orienter vers une latéralisation gauche, celle-ci ne résultera pas d'une évolution neuromotrice normale. Elle donnera un vrai droitier contrarié.

On naît et on reste gaucher… sinon dans les faits du moins dans l'âme, même pour ceux qui s'ignorent.

Contrarié en le sachant, ou gaucher qui se croit droitier, le gaucher de naissance conservera les mécanismes propres à sa nature. Il sera de toute façon, plus que son homologue non contrarié, exposé aux difficultés décrites plus loin.

Oublier ou méconnaître les risques de toute contrariété d'une latéralité dominante peut inciter parents et enseignants à orienter vers l'utilisation de la main droite.

En outre, sur le plan de la conception des gauchers, c'est revenir aux siècles que l'on voudrait révolus. Celui où les gauchers étaient considérés comme anormaux ou comme responsables de leur fonctionnement considéré comme contraire aux mœurs de bon aloi et contraire aux habitudes gestuelles d'une majorité droitière dite exemplaire.

4. La « grammaire » mentale du gaucher

Il est impossible de comprendre vraiment le sens profond de cet ouvrage, son but et ses raisons d'être sans explorer les particularités mentales et psychologiques des gauchers.

La « grammaire mentale » du gaucher est un point primordial à intégrer avant tout autre. Les aptitudes spatiales, bien qu'indispensables à connaître car également mises à contribution pour l'apprentissage de l'écriture, seront traitées ensuite.

Au moment d'enseigner à lire et à écrire, il faudra distinguer l'approche mentale de l'élève gaucher de celle du droitier car elles sont diamétralement opposées sur l'axe horizontal du sens de « lecture ». De la lecture en général, lecture de l'écriture mais aussi lecture d'un dessin ou d'une scène. Ne pas tenir compte de cette différence et vouloir imposer la même méthode à tous aura obligatoirement des conséquences plus ou moins graves sur la réussite scolaire des intéressés. La méthode en « confection » ne sied plus à une pédagogie qui se veut moderne car adaptée aux réalités, il convient de passer au « sur-mesure ».

« Je suis gauchère, comme ma mère et ma grand-mère maternelle. Mon fils de trois ans l'est également. J'ai de plus eu la chance ne n'être pas contrariée et de ne jamais avoir entendu (ou retenu) de commentaires désobligeants sur le fait que j'utilise la main gauche. Bien sûr, je tachais mes cahiers d'écoliers, bien sûr les montres, tournevis et taille-crayons tournent à l'envers. » Sandrine, 2005.

Ce témoignage a le double intérêt d'illustrer l'aspect familial parce que héréditaire de la latéralisation, mais en plus il introduit la notion de grammaire mentale particulière. C'est surtout dans la perception giratoire qu'elle intéresse les gauchers.

Le gaucher pense de la droite vers la gauche

La grammaire est l'ensemble des règles d'une langue ou d'un art. Prenons ce concept au sens large pour essayer de comprendre le fonctionnement particulier des uns et des autres.

Nous avons tous un sens de pensée et d'action qui nous convient mieux.

Certains, surtout les droitiers, sont plus à l'aise pour réfléchir, pour penser, pour concevoir, en allant de la gauche vers la droite. Cette disposition innée fait préférer voir les aiguilles d'une montre tourner de la gauche vers la droite. De même, dans ce cas, il sera plus facile d'écrire de gauche à droite.

Pour d'autres, essentiellement les gauchers, c'est le sens dit anti-horaire qui les met plus à l'aise pour réfléchir ou percevoir. Penser de droite à gauche s'accorde mieux avec leur mode intime de fonctionnement perceptif et intellectuel.

Quelques cas

✓ L'écriture dite « en miroir »

Une écriture en « miroir » est une écriture doublement inversée, par son sens d'écriture sur la ligne (ici de la droite vers la gauche) et par le sens de toutes les lettres formées en sens opposé à la norme officielle. C'est vers ce mode d'écriture que tend très spontanément le gaucher. Elle est un bon témoin de sa prédisposition mentale à penser et à fonctionner de la droite vers la gauche.

On appelle ce type d'écriture « écriture en miroir » car, pour la lire, il faut s'aider d'un miroir qui en redresse le sens… ou d'un gaucher qui sait la lire. C'est une écriture strictement symétrique à l'écriture habituelle.

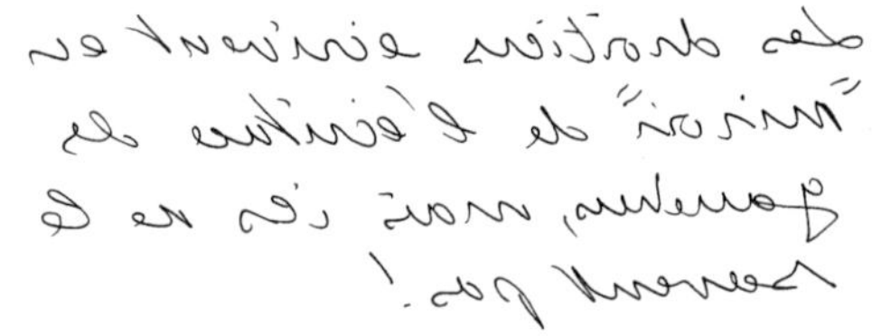

Exemple d'écriture dite « en miroir »

Tous les gauchers ne maîtrisent pas spontanément cette façon d'écrire, mais lorsqu'un droitier y est expert depuis l'enfance, on peut fort légitimement penser qu'il s'agit d'un gaucher qui a été contrarié.

« *Ma fille a 5 ans, elle est gauchère, elle regarde un livre et fait semblant de lire en partant de la droite vers la gauche, elle connaît toutes les lettres de l'alphabet mais elle les écrit à l'envers comme si on regardait dans un miroir ; exemple, voilà comment elle écrit loup : "puol" avec en plus de cela (difficile de le transcrire avec un clavier d'ordinateur) les lettres à l'envers ; les gauchers me comprendront. Pour l'écriture, idem, elle part de la droite vers la gauche.* ». M. (Metz)

L'écriture tracée de la droite vers la gauche et seulement lisible à l'aide d'un miroir pour un esprit « droitier » se retrouve pour certaines lettres ou chiffres parsemant ça et là la ligne d'écriture. C'est même une mode qui se veut artistique et observable sur des enseignes où les E sont volontairement inversés et ressemblent à des 3.

Bien entendu, chez nous, le gaucher doit faire son deuil de cette écriture. On peut écrire pour soi, comme on l'entend, mais la plupart des écrits sont destinés à communiquer avec les autres, il convient donc de se conformer à un code commun.

Si on ne le bouscule pas, l'élève gaucher s'adapte fort bien à l'autre sens, celui des droitiers, qui, dans notre culture, ont imposé leur naturel depuis longtemps.

✓ Tirer un trait ou souligner un mot

« [...] *j'ai toujours tiré mes traits de la droite vers la gauche. Je vous ferais remarquer que si je ne procédais pas de cette façon qui m'est très naturelle, je ne tirerais pas les traits, je les pousserais* [...] » Jean, 58 ans, 2005.

Jean est un gaucher bien confirmé et père d'un petit gaucher. Je leur avais demandé de souligner leur prénom et de tirer quelques traits avec une règle et un stylo. Sa pertinente remarque devrait faire réfléchir tout pédagogue et surtout ceux qui doivent enseigner la lecture et l'écriture. Nous y reviendrons en temps voulu.

L'enfant droitier souligne de la gauche vers la droite. Le gaucher souligne de la droite vers la gauche. Ainsi, lui aussi « tire » son trait et ne le « pousse » pas.

Cette tendance est si forte qu'elle constitue un excellent test chez l'enfant et même chez l'adulte quand on le leur fait faire spontanément. Par exemple, en lui demandant d'écrire son prénom et de le souligner (la charge affective attachée au prénom déconnecte les acquis intellectuels et manuels non spontanés).

✓ Un segment de droite

On propose à l'élève de considérer un segment AB.

Le droitier optera plus spontanément pour le sens ouest-est, de la gauche vers la droite.

A ⟶ B

Le gaucher tendrait naturellement à présenter son devoir dans l'autre sens, est-ouest, de la droite vers la gauche, c'est mathématiquement correct.

B ⟵ A

Il n'y pensera sans doute pas mais il sera peut-être dérouté. Il en faut peu pour capter l'attention et perturber la réflexion.

Les sens de la droite vers la gauche et antihoraire sont plus naturels à l'apprenant-agissant gaucher.

La qualité de sa réflexion et l'intensité de sa concentration gagneraient à n'être pas détournées, quand c'est possible, par un effort de lutte contre un sens antinaturel pour lui.

Quelques témoignages récents illustreront cette opposition de sens de vue selon que l'on est droitier ou gaucher.

« *Certaines personnes ne sont pas très compréhensives sur l'utilisation de la main gauche. Ils bataillent haut et fort prétendant que tout est rangé à l'envers, et dire que moi je trouvais que c'était eux qui rangeaient tout à l'envers. Et si je leur disais de se servir de leur main gauche, quelles seraient donc leurs réactions ?* » Anne, août 2006.

« [...] *les « profs » n'ont jamais remarqué que j'étais gauchère et je peux me permettre de dire que j'ai vraiment de la chance car au Maroc on écrit en arabe (de droite à gauche) et que c'est les droitiers qui trouvent des difficultés à l'écriture.* » R., juillet 2006, Maroc.

Le sens de l'écriture arabe et ses conséquences est une question récurrente, c'est pourquoi je sélectionne ce message qui souligne la difficulté d'écrire à contre-courant, ce qui est le cas des gauchers en Occident et des droitiers en écriture arabe.

✓ Origine possible du sens de lecture/écriture

Anticipons sur les aptitudes à dessiner des gauchers pour nous intéresser de plus près à l'écriture comme témoin de cette tendance innée pour certains de penser de la droite vers la gauche. Chacun garde à l'esprit l'exemple de Léonard de Vinci, gaucher célébrissime, qui a toujours écrit « en miroir ».

Effectivement, les gauchers sont très nombreux dans le monde artistique en général et en dessin pour ce qui nous concerne dans la présente argumentation. Or, certaines écritures sont basées sur le dessin. Les hiéroglyphes en Égypte, les idéogrammes en Chine en sont deux exemples. On peut supposer, mais rien ne le prouve, que les gauchers, dessinateurs de talents et officiels, écrivaient dans leur sens à eux et que c'est leur sens de lecture et d'écriture qui s'est imposé aux pays concernés. En effet, dans les deux cas, Égypte et Chine, le tracé, dessin non cursif, et le sens de lecture le plus courant sont bien ceux qui caractérisent nos gauchers, c'est-à-dire souvent de la droite vers la gauche, et parfois verticalement de bas en haut.

✓ Le sens de lecture

Montée ou descente ? Thierry Moingeon, gaucher, sculpteur sur pierre, illustre la différence de sens de pensée.

Examinons son œuvre « Au fil du temps », sur la photo n° 1.

L'artiste a voulu représenter « … une évolution qui se fait, la goutte se dégage progressivement, de la droite vers la gauche, je l'ai fait dans ce sens instinctivement, je ne m'en suis rendu compte qu'après-coup en écoutant les droitiers qui m'étonnaient avec leur lecture de gauche à droite. »

Le trait oblique est donc pour lui une montée. La plupart d'entre nous, droitiers, y voient une descente et une goutte qui s'enveloppe, qui rentre au lieu de sortir.

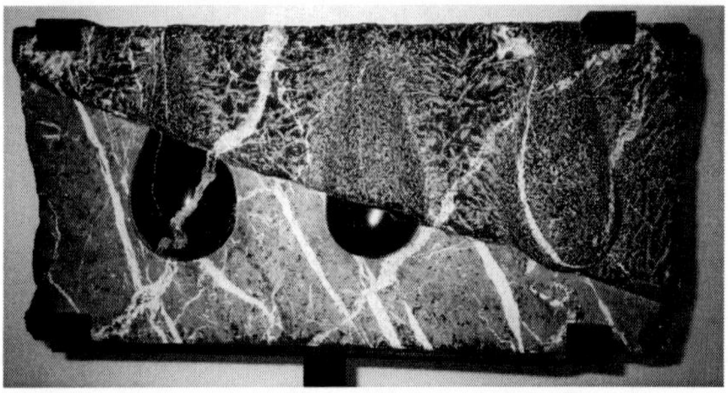

« Au fil du temps », sculpture n° 1 de Thierry Moingeon

➤ *Interprétations de droitiers*

Sylvie : « … *je vois une paupière qui se ferme…* ». Son geste indicatif balaye l'image de la gauche vers la droite.

Patrick et Francis : « … *ça descend…* ».

René : « … *des gouttes d'encre qui coulent d'une plume, la grosse, la moyenne puis la petite…* ». Donc il a lu de la gauche vers la droite lui aussi.

➤ *Interprétations de gauchers*

Claude : « ... *une goutte qui se dévoile*... ». Il accompagne son interprétation avec son index gauche qui suit la montée de la droite vers la gauche.

Franck : « *Ma première idée était bien de dire que la goutte montait, mais j'ai pensé qu'il fallait voir et interpréter dans l'autre sens* ».

Cette dernière remarque attire notre attention sur l'effort permanent auquel doivent s'astreindre les gauchers pour se conformer à la norme. Précisons que cette attitude de conformité à la norme n'est pas spécifique aux gauchers, c'est un phénomène psychologique naturel à tout individu se trouvant en minorité face à un groupe. Cette lutte intérieure n'est pas toujours très consciente, imperceptible avec l'habitude, elle n'en représente pas moins une dépense d'énergie.

Sur la photographie n° 2, l'artiste a repris le même thème mais avec un sens de lecture conforme à l'esprit droitier, de la gauche vers la droite.

Sculpture n° 2
de Thierry Moingeon

✓ Sens du classement

L'observation suivante est un autre exemple du sens de lecture droite/gauche si particulier aux gauchers. Elle a le mérite et l'intérêt de fournir une explication plausible de la mauvaise réputation qu'ont les gauchers d'être fâchés, avec le sens du rangement et du classement.

La maîtresse avait affiché les dessins de ses élèves horizontalement, l'un à côté de l'autre. Celui de notre jeune gaucher, Guy, est placé à l'extrémité gauche de la série. En code de lecture occidentale, nous dirons que le dessin de Guy était affiché « en premier ».

Dessin de Guy Dessin n° 2 Dessin n° 3 Dessin n° 4 etc.

Le minidialogue entre la mère et son fils est très instructif :
– La mère (droitière) : « *Quel est ton dessin ?* »
– L'enfant : « *C'est le dernier* », en montrant le premier à partir de la gauche.
– La mère : « *Alors c'est le premier* ».

On imagine la perplexité de l'enfant, laquelle est épargnée aux enfants droitiers qui peuvent d'emblée avoir des repères spatiaux (droite/gauche, premier/dernier) nets et solides. L'enfant gaucher doit en passer par des doutes et des corrections. Faut-il s'étonner s'il est plus que le droitier susceptible de perdre ses repères spatiaux, de se complexer sur ses aptitudes à classer et à ranger ?

Remarques : chez le gaucher, le sens inné et spontané de lecture, donc du classement aussi, va de la droite vers la gauche. Cette tendance demeure à l'âge adulte. Même si le code social occidental est bien assimilé, le naturel reviendra souvent, ne serait-ce qu'avec la fatigue.

« *Bonjour, je suis maman d'une petite fille de 5 ans qui est gauchère. Mon mari et moi-même sommes droitiers. Ma fille écrit de droite à gauche surtout quand elle est fatiguée.* » Mme T., novembre 2006.

« [...] *pour moi, lire ou regarder de la gauche vers la droite, comme il se doit dans un monde de droitiers, c'est un peu comme parler une langue étrangère, on s'y fait, mais ce doit être fatigant quelque part* [...] », nous confiait un adulte.

5. Quelques traits de psychologie

Le climat

Un enfant gaucher prend précocement conscience de sa différence, surtout si ses parents sont droitiers. Même en l'absence de remarques désobligeantes, toute observation peut le gêner. Avant l'âge où le gaucher nourrira peut-être un sentiment de fierté, viendra plus sûrement celui des inhibitions, de la crainte de s'exprimer gestuellement sous le regard des autres.

« *Ma fille, gauchère, est déjà préoccupée par sa différence et m'en parle beaucoup. Elle est en 3e année de maternelle et tout se passe très bien pour elle.* » Mme T., déjà citée plus haut.

Tout se passe très bien, certes. Cependant, voilà une enfant préoccupée par sa nature de gauchère.

Il est aisé à chacun d'imaginer ces situations où moqueries et remarques désobligeantes ne manqueront pas. Elles émaneront de la part des camarades certes, mais aussi de la part d'adultes dépourvus de mauvaises intentions. Telle mère disant devant son fils, jeune gaucher, « *il se débrouille bien pour un gaucher* ».

Même de très jeunes enfants se disent gênés par ces remarques dont ils sont l'objet en diverses situations et à l'école bien sûr. Ils nous font part de leur agacement, de leur gêne et de leur saturation. L'un d'eux âgé de 5 ans et demi s'exclame : « *j'en ai marre d'être gaucher* ».

Tant qu'ils seront une minorité, les gauchers devront vivre dans un tel climat psychologique ambiant. Ce qui ne peut pas être sans influencer le style de leur épanouissement intime. Parfois pour le brimer, parfois pour l'exalter dans une réaction de compensation.

Importance du sens kinesthésique chez l'élève gaucher

Une méthodologie appliquée au gaucher peut s'appuyer sur des traits de leur gymnastique intellectuelle et cognitive, autre que la seule vision des choses dans leur sens à eux, par exemple sur leur sens spatial et tactile.

Rappel des trois grands modes de fonctionnement face à la perception du monde environnant

L'américain William James (1842-1910), philosophe et psychologue, décrivait trois grands types de profils mentaux. « Chez certains individus, la "substance de la pensée", si on peut dire, est visuelle, auditive, articulaire ou motrice. Chez la plupart des gens, elle semble mélangée. »

Ces travaux ont été repris et appliqués par Antoine de La Garanderie.

Il s'agit du mode de perception préférentiel utilisé pour appréhender le monde et s'en faire une idée. Cependant chacun fonctionne selon un mélange des trois modes et les utilise dans des proportions personnelles.

– **Le visuel :** pour lui, la vision domine les autres sens. Tout passe préférentiellement par l'œil. Que ce soit pour s'intéresser, pour comprendre, pour mémoriser ou pour créer et communiquer, la vision et les images servent de support mental. Parmi les expressions et mots-clés de ce mode de pensée citons : *Je ne peux pas le voir en peinture, à première vue, voir la vie en rose, visiblement, lumineux, éclaircir, éclairer, objectif, perspective, illustrer, pittoresque, lucide, illusion, mirage...*

– **L'auditif :** l'ouïe est l'organe dominant dont la personne se sert plus volontiers. « L'auditif » est sensible à la voix, à la parole, au ton, aux bruits, aux rythmes.

« Je m'entends bien avec lui », est une expression type pour ce mode de fonctionnement dit « auditif » ainsi que : *bien entendu, prêter l'oreille, tendre l'oreille, faire la sourde oreille, faire écho, un son de cloche, être au diapason, c'est tout dire, sonner faux, écouter, entendre des voix, faire des messes basses, harmonie, orchestré, fausse note...*

– **Le kinesthésique :** quand ce mode perceptif prédomine, c'est le sens du toucher qui est préférentiellement mis en œuvre pour apprendre, pour communiquer, pour vivre. Le sens de l'élasticité, de la malléabilité, de la consistance, de la température, de la pression est très développé. Le kinesthésique est sensible et attentif au langage du corps, aux attitudes, aux gestes, aux mimiques, mais aussi à la présence, ou à l'absence.

La pensée kinesthésique utilise les sensations corporelles et les émotions. Le sens moteur et articulaire est également mis à contribution. La mémoire motrice sera donc un atout précieux pour des activités où les automatismes sont requis : par exemple en musique pour jouer d'un instrument.

.../...

.../...

Les expressions comportant le verbe « sentir » sont courantes dans la bouche d'un esprit « kinesthésique », *« je sens que vous avez raison »*.

Vous communiquerez mieux avec lui en utilisant les expressions : toucher du doigt, le bon sens, les pieds sur terre, chaleur, tiédeur, froideur, le cœur sur la main, avoir à cœur, contact, mignon à croquer, ça sent le roussi, lourd, léger, choc, saisir, avoir du flair, ressentir, éprouver, sensation...

L'enfant gaucher a souvent un sens spatial, corporel et tactile préférentiel

Des trois sens, visuel, auditif et kinesthésique, ce dernier (sens du toucher et spatial) est favorisé par tout enfant en phase d'apprentissage[9]. Ce sens est mis à contribution par une démonstration, une visualisation par image ou objet, la manipulation d'objets ou par un jeu impliquant l'enfant corporellement. Cette méthode devrait être particulièrement efficace chez l'élève gaucher en raison de l'acuité de son sens kinesthésique et tactile.

Par exemple : toucher ou presser légèrement le côté enseigné tout en le nommant : « *la gauche !* ». Ou encore activer le côté enseigné par un geste de préhension accompli par l'enfant... (*cf.* p. 99)

Retenons que l'enfant gaucher est, plus que ses camarades droitiers, réceptif à une démonstration doublant l'explication verbale.

Sens artistique, spatial et intuitif

Il est au moins deux grands domaines où le gaucher excelle : les sports (pas tous) et l'art.

Sens spatial et sport

Dans le chapitre consacré à leur profil psychologique, nous ne faisons pas référence aux sports où ils sont très recherchés pour des raisons techniques inhérentes au jeu lui-même, comme en hand-ball où il convient d'avoir des tireurs droitiers et gauchers pour couvrir les deux côtés du terrain. Il est plus intéressant de les étudier dans des sports où leur avantage réside dans leurs particularités cérébrales et fonctionnelles déjà mentionnées et expliquées : sens spatial, sens anti-horaire et vitesse d'exécution. Le cyclisme sur piste permet l'expression de ces trois caractéristiques.

9. *J'apprends, donc je suis*, Hélène Trocmé-Fabre, Éditions d'Organisation, 1994.

Sens artistique

Les gauchers ont un incontestable sens artistique[10]. Ce sens spatial se manifeste en dessin et en architecture. À ces disciplines, nous ajouterons la sculpture en raison de l'acuité de leur sens tactile. N'importe qui peut s'essayer à ces activités, même s'il existe chez le gaucher une plus grande attirance innée pour elles. Mais lorsqu'on veut tester le talent, on fait les statistiques aux sommets des podiums. De retour d'un congrès international de sculpture, l'un d'eux, gaucher, me disait son étonnement d'avoir constaté une très forte proportion de gauchers parmi ses collègues. Il m'avança le chiffre de 2 sur 3.

Le sens kinesthésique des gauchers (toucher, moteur et articulaire) peut également favoriser la maîtrise de certains instruments de musique.

Que ce goût pour l'art soit inné ou la conséquence d'une réaction à l'incompréhension dont ils souffrent par ailleurs est un débat en cours.

Pour une plus exacte interprétation des statistiques, il faudrait également recenser dans l'ensemble des artistes les gauchers inversés, c'est-à-dire ceux qui se croient droitiers, ignorant leur vraie latéralité d'origine. Sur les 6 ou 7 millions de Français actuellement concernés par cette inversion inconsciente, nous ne devrions pas manquer d'exemples.

Pour mieux comprendre certains de leurs choix comportementaux, retenons ce sens artistique des gauchers et leur sens intuitif les prédisposant à une perception des choses volontiers globalisée.

La pudeur des gauchers

Non seulement les gauchers ne se plaignent pas, mais notre démarche en leur faveur se heurte parfois à leur propre réticence. La raison est facile à comprendre et importante à considérer.

Un parent, un enseignant, un médecin ou un ami peut passer complètement à côté du vécu d'un gaucher plongé dans un univers de droitiers et contraint de s'y adapter. Il est facile de ne rien suspecter des conséquences d'une difficulté ou d'une contrariété minime ou massive. Pour la bonne raison que les gauchers, se sachant minoritaires et pas toujours vus avec un œil indifférent, préfèrent se taire plutôt

10. *Cf.* par exemple la communication du Professeur Claude Henri Chouard du 19 janvier 2000 devant l'Académie des Beaux Arts, disponible sur http://recolsa.club.fr/peintresgauchers/index.html

que d'attirer l'attention sur leur différence. Dans un bain permanent de préjugés non fondés, ils passeraient trop vite pour des anormaux.

« [...] *Je suis gauchère et j'ai eu pas mal de remarques désagréables de la part de mes professeurs et de mes camarades. J'ai très mal vécu une partie de ma scolarité à cause des moqueries. [...] J'étais même devenue ambidextre pour éviter certaines situations mais je me suis rendu compte que c'était idiot, ce n'était pas à moi de changer mais aux autres d'évoluer et d'accepter les gauchers.* » Mme Anna H.

On a énormément de mal à faire comprendre la nature et l'intensité du vrai problème tant les préjugés et les dogmes infléchissent la conception toujours à l'ancienne. On a beau expliquer que les problèmes et difficultés que connaissent les gauchers ne sont en rien dus à une quelconque anomalie ou faiblesse de leur part, que les droitiers plongés dans un univers gaucher connaîtraient les mêmes tracas, rien n'y fait.

Chaque fois que l'on aborde le problème médico-social, on en revient aux anciens dogmes et préjugés : on dit, pour l'avoir bien détecté et analysé, « *c'est à cause d'une absence de compréhension et de pédagogie adéquate* » et nos interlocuteurs entendent « *si le gaucher a un problème, c'est qu'il est inapte* ».

Il ne faut donc pas s'étonner si les gauchers ne parlent pas spontanément de leur effort d'adaptation au monde droitier. Ils nous parlent parfois de leur fierté d'être gaucher, mais avant de l'éprouver, il leur a fallu vaincre un champ de mines dont tous ne sortent pas indemnes. Au début des entretiens, presque tous déclarent n'avoir aucun problème.

À ceux qui se sont mieux adaptés que d'autres, il faut faire remarquer qu'il reste les enfants qui doivent à leur tour affronter ces obstacles et essayer, mais pas toujours avec succès, de s'en sortir sans dommage. Ensuite, deuxième remarque, on constate parfois que ces « parfaitement adaptés » ont les ongles bien rongés, signe d'anxiété. « *Oui, c'est vrai, à un moment donné, j'ai eu des problèmes... mais maintenant ça va...* ». C'est précisément ce « *à un moment donné* » qui est très risqué et auquel on doit soustraire les enfants.

2

Les défis scolaires propres à l'élève gaucher

SOMMAIRE

6. Le gaucher non contrarié ne peut pas exister

L'ensemble des éléments ci-dessus permet une meilleure compréhension de la nature des **défis incontournables** et contrariants que les gauchers doivent relever.

Afin de bien distinguer les deux grands groupes de contrariétés, nous réserverons le terme de contrariété au changement de main d'écriture. Nous parlerons de défis pour les contrariétés persistant malgré le respect de la main prévalente innée.

Si nous insistons sur ces quelques obstacles mis sur le chemin d'apprentissage des gauchers, c'est pour qu'ils ne soient plus victimes d'idées reçues encore trop en vigueur, même en France, aujourd'hui.

En effet, considérés comme lents, mauvais en écriture, malhabiles voire « maladroits » et ce, de façon systématisée puisqu'ils sont gauchers, ils sont parfois laissés pour compte, *« à quoi bon perdre son temps avec eux, il vaut mieux aider les droitiers »*.

Ces défis sont schématiquement au moins de deux ordres :
– d'une part les défis d'apprendre à lire et à écrire dans un sens inverse à celui de leur pensée ;
– d'autre part les défis inhérents à un matériel scolaire inadaptés à leur gestuelle.

Défis posés aux apprentissages de base

La lecture

L'élève gaucher doit s'adapter à la lecture de gauche à droite, par exemple :
– le mot : TA peut être lu AT,
– le nombre 12 peut être lu 21.

Cette confusion de sens est plus fréquente chez le gaucher. Mais elle existe aussi chez le droitier car l'enfant ne distingue pas toujours le sens droite/gauche du sens opposé. Il faut un degré de maturation cérébrale, donc intellectuelle suffisante, pour se rendre compte dans quel sens on pense ou agit. C'est donc bien en toute ingénuité que l'enfant passe d'un sens à l'autre sans se rendre compte qu'il a changé de sens de lecture. Il ne faudrait pas le cataloguer trop tôt de dyslexique car la thèse organique retenue pour expliquer les dyslexies est nuisible à la compréhension d'autres facteurs qui eux sont évitables. Faisons un bref rappel de l'essentiel utile à notre démonstration.

✓ La dyslexie

La dyslexie est une difficulté de l'apprentissage de la lecture et de l'écriture en dehors de toute anomalie sensorielle ou intellectuelle. On parlera plus souvent de dyslexie dysorthographique.

Cette difficulté de lecture touche 5 à des 10 % des enfants. Les garçons sont concernés deux fois plus que les filles, les gauchers deux fois plus que les droitiers, mais ce sont surtout les enfants souffrant d'une insuffisance de latéralisation qui y sont vulnérables.

La dyslexie consiste certes à inverser le sens de lecture mais pas uniquement:
- inversion des lettres d'une même syllabe: LA sera lu AL;
- télescopage des syllabes d'un même mot: FORTE sera lu FOTRE;
- confusion de phonèmes voisins: BADADE au lieu de PATATE.

L'IRMF (Imagerie par résonance magnétique fonctionnelle) permet de visualiser les zones cérébrales qui s'activent pour telle ou telle fonction. Chez le dyslexique, l'effort de lecture n'active pas les zones corticales « normalement » dévolues à la lecture.

S'agit-il d'une suppléance rendue nécessaire par un retard de maturité des zones habituellement requises ? Dans ce cas, un temps de patience devrait être accordé au jeune apprenant en remplacement des réprimandes et autres pressions qui le rendent dyslexique et complexé.

S'agit-il d'un dépassement du rythme personnel d'apprentissage? On sait combien tous les pédagogues de l'apprentissage chez l'enfant sont pointilleux, avec raison, sur le respect des rythmes de chacun.

Le dyslexique met de 15 à 20 fois plus de temps pour distinguer les phonèmes ou les graphèmes. En millisecondes, c'est peu, mais en mécanismes de fluidité de la lecture et de la lecture, c'est un gouffre. Il n'est pas difficile d'imputer une part de ces différences de temps d'identification à la nécessité, pour les gauchers du moins, de lire à contre-courant de leur sens normal.

Quoi qu'il en soit, dans les deux cas, nous sommes loin de la paresse et de la mauvaise volonté parfois invoquées.

Ensuite, on doit envisager des solutions plus appropriées comme le port de lunettes à prismes qui corrigent certains défauts visuels, la rééducation par vidéo et joystick pour retrouver la distinction rapide de ces phonèmes et de ces graphèmes qui se bousculent à une cadence ayant amené des blocages interdisant la fluidité de la lecture.

La dyslexie

Des mécanismes purement fonctionnels et des causes anatomiques et innées affectant le cerveau sont retenues pour les formes graves.

Les formes mineures, non classées parmi les dyslexies vraies par certains spécialistes, peuvent dépendre de facteurs éducatifs et pédagogiques.

Le sens correct de lecture et la rapidité y gagneraient sans doute si des inhibitions n'étaient pas engendrées par une technique et un empressement à exiger des gauchers qu'ils s'adaptent trop vite au sens droitier.

« *Je suis une adolescente de 14 ans, je suis en 3e. Je suis gauchère mais cela ne m'a jamais posé de problèmes particuliers. J'écris pour ainsi dire comme une droitière, donc je penche ma feuille vers la droite. J'estime avoir eu de la chance de ne pas avoir été une gauchère contrariée. J'ai juste été dyslexique en CP, mais la dyslexie a été très vite corrigée car elle était légère* ». Charlotte, mai 2006.

Ce témoignage indique que les troubles, en l'occurrence la dyslexie, ne sont pas le fait d'une contrariété de la latéralité à proprement parler, mais une conséquence possible d'une contrainte, ici le rythme et la technique droitière imposant un effort supplémentaire à l'élève gaucher.

Ces formes de dyslexie qui guérissent entièrement doivent retenir notre attention. Si la cause organique était seule responsable, nous n'aurions pas aussi souvent des guérisons rapides par de simples correctifs pédagogiques.

Les anomalies anatomiques cérébrales ont bon dos. Elles dispensent de remises en question d'une pédagogie déficiente et bloquent l'acquisition d'une approche différente qui permettrait d'épargner la dyslexie à bien des enfants.

Les neuroanatomistes qui ont découvert les différences de structure avaient eux-mêmes mis en garde contre une interprétation hâtive de leurs découvertes. Ils avertissaient de ne pas oublier les facteurs acquis.

S'agit-il vraiment d'anomalies ou de différences physiologiques témoignant d'un fonctionnement autre ?

La dyslexie n'existe pratiquement pas en langue espagnole et italienne. La proportion de phonèmes et de graphèmes expliquerait cette « immunité ». Si la cause anatomique était seule responsable, elle engendrerait des dyslexies dans toutes les langues. Puisque ce n'est pas le cas, il faut admettre la possibilité de mettre en place une prévention efficace par un enseignement qui tienne compte de ces faits.

Cette prévention devrait être efficace sur les formes de dyslexie dites dures car durables et elle serait souveraine pour toutes les formes légères qui ne demandent qu'à s'amender.

Le gaucher est un sujet à risque dyslexique en raison de son organisation cérébrale particulière. Deux centres du langage, un dans chaque hémisphère cérébral, sont reliés par un corps calleux hyperdéveloppé. Cette disposition anatomo-fonctionnelle laisse prévoir des lenteurs de lecture. Le dialogue interhémisphérique trop important freine les processus cognitifs et actifs.

La latéralisation fonctionnelle est un facteur d'efficacité. La spécialisation d'un hémisphère cérébral est un gage de fonctionnement clair et décidé. La bilatéralité est, parfois, pénalisante.

C'est cette même ambivalence qui, chez le gaucher pourvu de deux centres du langage, le prédisposera au bégaiement.

Le geste d'écriture

Au jeu du vrai ou faux, tordons le cou aux idées reçues. Non, le gaucher n'écrit pas plus mal que le droitier. Oui, il est handicapé par l'absence de pédagogie adaptée à ses caractéristiques gestuelles et mentales. De nombreux témoignages démontrent que mal écrire n'est pas une fatalité pour le gaucher.

« *J'ai 16 ans et je suis au lycée et tout le monde me dit que j'ai une très bonne écriture.* » Sarah, juin 2005.

« [...] *Notre fille aujourd'hui âgée de 17 ans est gauchère. Ma fille n'a pas eu de difficulté à écrire, bien au contraire, elle s'est mise à écrire très tôt, son écriture est belle et elle a toujours eu beaucoup de soin dans la tenue de ses cahiers* ». Catherine, deux filles dont une gauchère.

« *Bonjour, j'ai 17 ans et je suis gauchère aussi. Je ne suis pas d'accord avec les droitiers et même les gauchers qui prétendent que les gauchers écrivent moins bien que les droitiers ! On m'a toujours dit que j'avais une très belle écriture alors que j'écris de la main gauche.* [...] *C'est vrai que j'ai fait mes Z à l'envers jusqu'à l'année dernière.* [...] » Laura, juin 2006.

Le témoignage de Laura, confirmant la possibilité de bien écrire pour un gaucher et annonçant les difficultés avec les lettres symétriques, sert de lien avec une difficulté souvent rencontrée par les gauchers. L'écriture de gauche à droite ne leur convient pas, en plus elle est contraire à l'écriture en miroir si chère aux gauchers.

✓ L'écriture « à l'envers »

« [...] *L'affolement de mon entourage a commencé avec l'écriture en miroir que je pratique toujours pour mon plaisir. J'ai toujours confondu la lettre E Avec le chiffre 3 qui est son miroir; l'autre problème était les lettres symétriques telles le N le Z le P et le D* ». Patrick, 2005.

« *Ma fille âgée de 5 ans est en maternelle grande section. Elle s'est faite "fâcher" par sa maîtresse car elle a écrit de droite à gauche* ». Marie-Claude, octobre 2006.

Ce dernier témoignage illustre une fois encore la grammaire mentale du gaucher et son corollaire, l'écriture de droite à gauche. Il ne faut donc pas s'étonner s'ils seront également les plus nombreux à former les lettres à l'envers du sens requis en plus de vouloir commencer leurs lignes sur le bord droit de la feuille. Écrire et former les lettres et certains chiffres à l'envers est une première conséquence, technique celle-là, des défis ou difficultés rencontrés par les élèves gauchers.

La deuxième conséquence est le risque de se faire réprimander, ce qui est plus grave car l'enfant doit bénéficier d'un temps d'adaptation.

Dès lors qu'il faut lire et écrire de la gauche vers la droite, tout apprenant né gaucher doit contrarier sa nature pour réussir cet apprentissage élémentaire.

Dans notre culture française, le gaucher non contrarié ne peut donc pas exister.

➤ *Pour l'élève droitier*

Le droitier écrit de la gauche vers la droite ce qui est conforme à son sens naturel.

La plume glisse sur le papier et la craie aussi sur le tableau.

En allant vers l'extrémité de la ligne, il ouvre son bras: écrire une ligne est pour l'élève droitier un geste d'ouverture. C'est un mouvement « épanouissant ».

Le cou est libre, la tête peut porter le regard aussi facilement dans une direction que dans une autre.

➤ *Pour l'élève gaucher*

Le gaucher doit écrire dans un sens (de la gauche vers la droite) opposé à sa « grammaire intellectuelle ». C'est un premier risque de blocage ou d'hésitation.

Le gaucher ne tire pas sa plume, il la pousse. La main qui écrit tend à masquer ce qui vient d'être écrit et peut le balayer. Les risques d'accrocs et de taches sont plus grands. Il est vrai qu'actuellement le stylo à bille en sauve beaucoup.

Le geste d'écriture du gaucher, contrairement au droitier, est un geste de fermeture car le bras se replie sur le corps. En outre, c'est un geste plus crispant. C'est un mouvement « anti-épanouissant ».

Disons tout de suite avant d'analyser plus longuement les conséquences à long terme que tous ces facteurs se combinent pour induire la flexion du poignet et positionner la main au-dessus de la ligne d'écriture, ce qui aboutit à une crispation et à une aggravation de la torsion vertébrale.

Par voie de conséquence de cette attitude, le cou se verrouille du côté gauche. Si l'élève doit tourner la tête vers sa gauche pour regarder le tableau ou son professeur, cette fermeture du bras sur le corps accentuera la torsion vertébrale. Ce phénomène concerne très peu l'écriture à main droite.

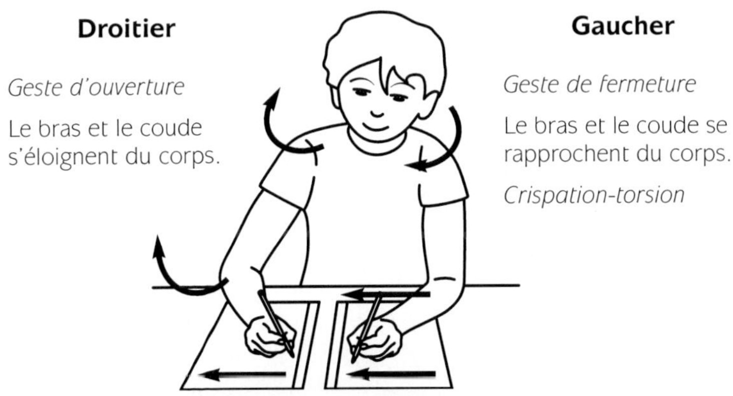

Deux latéralités, un seul sens d'écriture

Le droitier peut tourner la tête des deux côtés sans forçage vertébral.

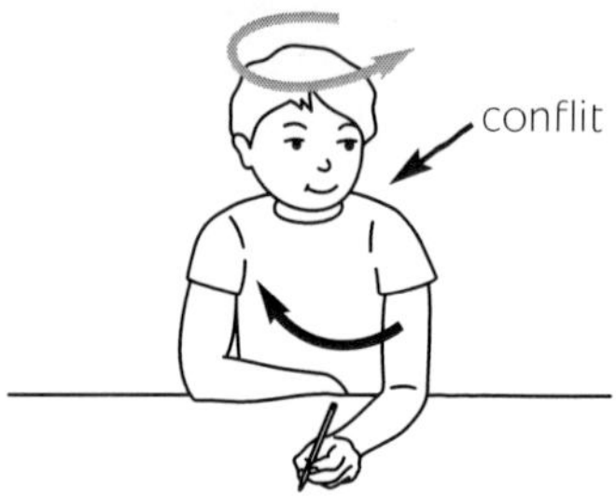

Torsion vertébrale quand le gaucher tourne la tête vers la gauche.

Soulignons cette inévitable inégalité des chances. Non parce que celle-ci est terrible en elle-même mais parce qu'elle en amène d'autres. Par exemple, l'attribution d'une étiquette négative qui déteindra sur tout le travail des élèves gauchers.

Défis posés par l'outillage

Parmi les défis que le gaucher doit relever, on sous-estime l'outillage inadapté.

La plupart des éléments des fournitures scolaires habituelles sont inadaptés à sa pensée d'est-ouest mais aussi à sa gestuelle. C'est un obstacle plus ou moins grand mais permanent.

On pourrait croire que ce fait est connu et admis, il n'en est rien. Les réactions d'incompréhension ou de scepticisme sont fréquentes.

Les ciseaux

Bien que généralement reconnus comme source de problèmes, les ciseaux ne le sont pas pour toutes leurs raisons d'être. Heureusement que les droitiers en ont expérimenté la difficulté, par exemple en essayant de se tailler les ongles de la main droite avec des ciseaux tenus en main gauche. Ce fait a pu faire comprendre avant les autres un des défis quotidiens proposés aux gauchers.

« *Salut, moi j'ai 16 ans je suis en terminale je suis gauchère aussi et très fière de l'être. Je dois avouer que parfois c'est assez énervant de ne pas réussir à couper avec des ciseaux ou avec des couteaux je ne comprends pas très bien pourquoi on n'a pas le droit d'avoir des couteaux et des ouvre-boîtes pour gauchers. Chaque fois il m'arrive une catastrophe.* » Stéphanie, mars 2006.

« *Moi, en ce qui me concerne (je suis gauchère) je suis incapable d'utiliser des ciseaux. Alors j'utilise ma main droite mais autant vous dire que le résultat est minable. Autrement le passage au restaurant et le fameux couteau à poisson, c'est frustrant. Obligée de le tenir à l'envers (la lame vers le haut). Maintenant, à trente ans, j'en rigole, mais ça n'a pas toujours été le cas* ». Valérie, mars 2006.

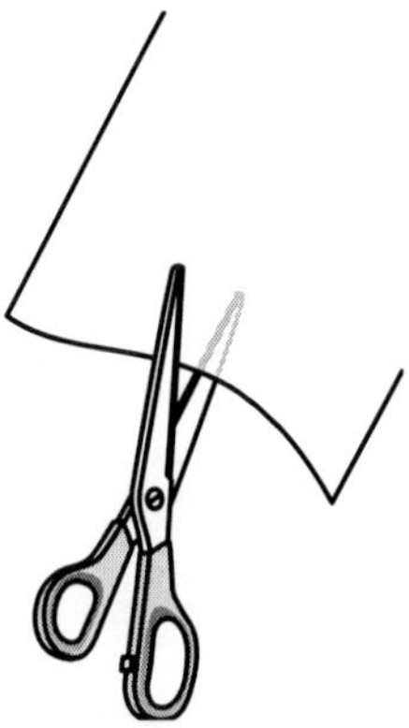

Ciseaux « droitiers » tenus en main gauche

Les lames s'écartent, pincent, froissent et ne coupent pas.
La ligne de coupe n'est pas franchement visible.
Les biseaux d'œillets sont inadaptés et font mal.

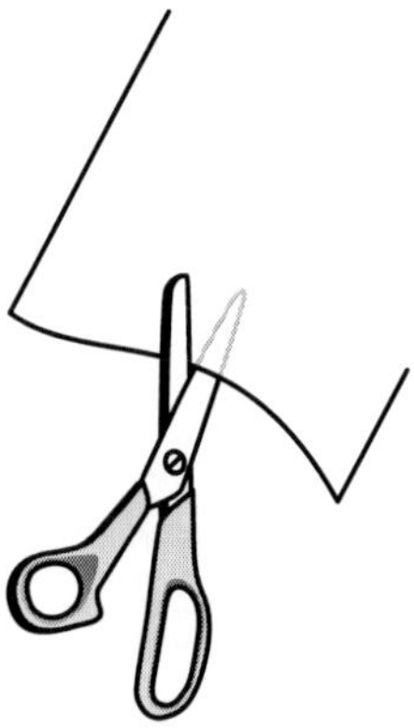

Ciseaux « gauchers » tenus en main gauche

Les lames inversées ne s'écartent pas.
Elles taillent franchement.
La ligne de coupe est nettement visible.
Les biseaux d'œillets, inversés ne blessent pas.

C'est plus le croisement des lames qui fait les ciseaux pour main gauche que l'ouverture biseautée des œillets où s'introduisent les doigts. Tous les ciseaux ont une superposition des lames telle que, tenus dans une main, le regard peut suivre la ligne de coupe sans que les lames ne s'écartent. Tandis que lors de l'utilisation du même outil avec la main inadéquate, d'une part la ligne de coupe sera masquée et d'autre part il s'en suivra un écartement des lames qui de ce fait ne tailleront plus.

En outre, des ciseaux inadéquats occasionnent des douleurs de pression au niveau des doigts et ne peuvent pas être manipulés longtemps, surtout pour tailler un objet résistant où il y aurait risque de meurtrissure.

La règle graduée et le taille-crayon sont des défis qui passent inaperçus. Ils illustrent, chacun à leur façon la caractéristique de la pensée naturelle des gauchers : sens de rotation anti-horaire pour l'un et sens privilégié de droite à gauche (d'est en ouest) pour l'autre.

La règle graduée

Les doubles et les triples décimètres sont une contrariété méconnue et évitable.

L'existence de règles aux graduations inversées étonne le profane. Elle est tout simplement indispensable à l'élève… et au maître.

La règle graduée est une pierre d'achoppement très piégeuse pour l'enfant gaucher.

Par exemple, si l'on demande de tracer un trait de 4 centimètres :

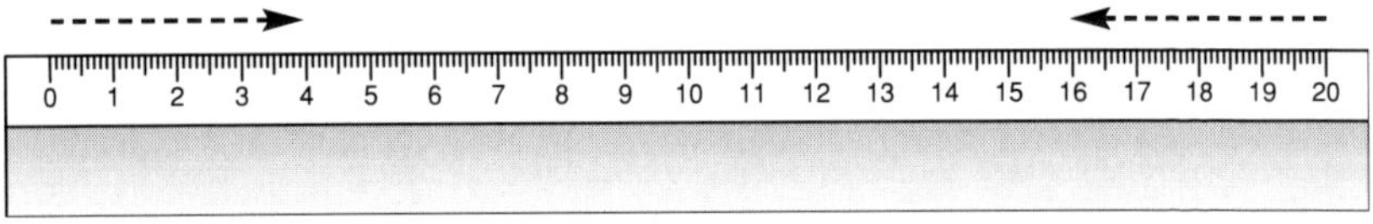

La main droite « tire » le trait de 0 à 4. Aucun calcul n'est nécessaire. La main gauche « pousse » le trait.

Pour vaincre cette double difficulté (sens contraire à son sens naturel et plume qui accroche), l'apprenant gaucher tend à se reporter à l'autre extrémité de la règle.

Mais il se heurte à une nouvelle difficulté : il doit ou compter de 1 à 4 en commençant ici par le 20 ou avoir l'idée de la soustraction 20 – 4 = 16 et savoir ne pas se fourvoyer dans :

20 –? = 4

La règle à graduations inversées résout cette difficulté :

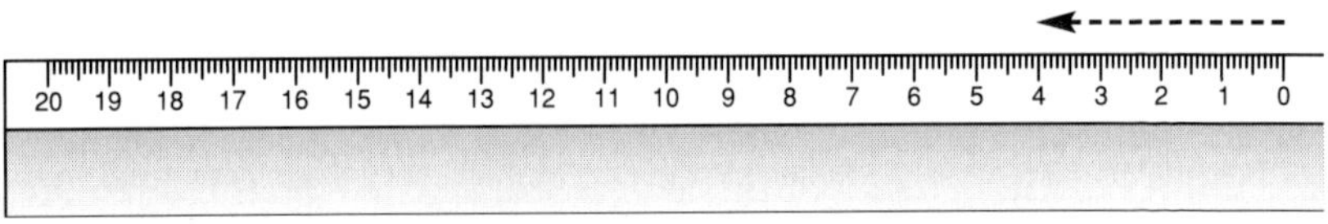

Le taille-crayon

Le sens de rotation de taille est prévu pour une manipulation de droitier. L'élève gaucher tourne d'abord dans son sens à lui et n'obtient pas d'aiguisage. Il doit comprendre qu'il faut tourner dans le sens opposé s'il veut aiguiser son crayon.

Le triangle rectangle

Sur une figure de géométrie, il est presque toujours représenté avec l'angle droit situé du côté gauche de la figure et l'hypoténuse – côté opposé à l'angle droit – se trouve à droite de la figure. Cette orientation facilite la réflexion de gauche à droite de l'élève droitier mais peut gêner celle de l'élève gaucher, plus à l'aise pour réfléchir sur une figure représentée avec l'angle droit à droite.

En effet, il doit d'abord vaincre son sens naturel de représentation. Et il doit le faire en plus de l'effort de réflexion attaché aux difficultés propres du problème de géométrie.

Si on veut faciliter l'accession aux joies et aux mystères de la géométrie, il vaut mieux, du moins en phase d'apprentissage, soustraire l'enfant aux obstacles supplémentaires et inutiles.

L'éclairage naturel

Les architectes conçoivent les classes d'établissements scolaires afin que l'éclairage naturel entrant par les fenêtres vienne de la gauche vers la droite. Cette disposition facilite le travail des droitiers alors que les gauchers se font de l'ombre avec le bras.

7. Conséquences des défis imposés aux élèves gauchers

Mécanisme des blocages psycho-affectifs

Toutes les expériences vécues avec une charge émotionnelle douloureuse peuvent être refoulées et gravées dans notre inconscient.

Elles nous occasionnent des blocages et des « interdits » comportementaux censés nous protéger d'évocations anxiogènes.

Ces expériences vécues peuvent être, à notre insu, associées à tout l'environnement humain et matériel qui les accompagnaient. Ce mécanisme peut créer de fâcheux réflexes d'association.

Plus tard, une réaction physiologique, mentale ou psychologique pourra être déclenchée par un vécu, non de l'expérience originelle elle-même mais par un fait qui lui fut associé.

Toute situation créant chez les jeunes élèves une émotion négative, sentiment d'échec, perte de confiance en soi, difficulté, brimade, moquerie, peut provoquer un blocage sur l'apprentissage qui lui était associé.

Conséquences psychologiques

Puisque tout geste d'apprentissage expose à des erreurs et à des doutes qui peuvent être facilement amplifiés chez un jeune enfant, pourquoi le confronter à des obstacles supplémentaires qui risquent de le déstabiliser ?

C'est déjà assez laborieux pour un adulte de s'adapter à un matériel inadapté, il est donc vain d'espérer qu'un enfant le fasse sans inconvénients durables.

On ne se renforce pas avec des outils inadaptés

La théorie selon laquelle les gauchers se « renforcent » en s'adaptant à l'environnement droitier est une idée dangereuse. C'est un argument de facilité et donc de laisser-faire qui se révèle dévastateur pour trop d'enfants.

Loin de « renforcer » l'individu, cette théorie entérine une inégalité très préjudiciable aux apprentissages et à l'épanouissement de l'enfant incorrectement équipé, droitier ou gaucher.

Si ce n'est pas le cas, pourquoi ne pas renforcer tous les petits droitiers en leur imposant les mêmes contraintes que celles qui le sont aux gauchers, à commencer par l'emploi de matériel scolaire de gaucher, par exemple. Ce serait catastrophique tant la faculté d'adaptation, en se renforçant et sans traumatisme visible et rattaché à sa véritable cause, ne concerne que quelques rares élus.

La difficulté gestuelle n'est pas l'essentiel car elle sera assez rapidement sinon vaincue, du moins résolue par une adaptation. Sans sous-estimer les conséquences de cet effort d'adaptation, il faut insister sur le risque le plus lourd de conséquences à long terme. C'est le doute de soi qui s'allume après des premiers essais infructueux pour des gestes qui sont si faciles aux camarades voisins quand ils sont droitiers, non parce qu'ils sont droitiers mais parce qu'ils sont correctement équipés, eux. En outre, ils risquent moins ces remarques négatives, source de blocage aux conséquences en boule de neige.

Conséquences gestuelles et posturales

La main « tordue »

Le poignet qui se fléchit donnant cet aspect dit de main « tordue » ne concerne pas uniquement le gaucher. Outre l'aspect disgracieux, le poignet qui se tord et se crispe pour écrire ne permet pas une écriture facile et avenante. Ce qui tend à démontrer qu'il y avait bien une gêne, une contrariété quelque part.

En outre, plus la main se tord au-dessus de la ligne d'écriture et plus elle attire le dos dans un positionnement vrillé et cypho-scoliotique.

Les troubles vertébraux

– La cyphose est une courbure vertébrale à convexité postérieure, donc penchée vers l'avant.

– La scoliose est une déviation dans le sens latéral.

– La torsion est une déformation en rotation selon l'axe longitudinal.

Ces déformations vertébrales agressent les ganglions sympathiques, d'où leur imputation dans certains troubles neurovégatatifs et viscéraux.

Les trois anomalies se combinent chez l'élève qui tord sa main pour écrire, mais la torsion sera peut-être celle qui laissera le plus de séquelles à l'âge adulte. Tous les étages vertébraux pourront souffrir.

Douleur, gêne, mauvaise écriture, perte de concentration sont autant de facteurs d'échecs scolaires pour commencer. Plus tard, ce sera la pathologie vertébrale, déjà très douloureuse en elle-même, avec son cortège de répercussions viscérales chroniques. Chez l'adulte, les pathologies viscérales aiguës (palpitations cardiaques, oppression respiratoire pseudo-neurovégétative) engendrées par un blocage vertébral guérissent en une séance de manipulation vertébrale. Mais lorsque ces mêmes pathologies sont chroniques et en rapport avec des déformations vertébrales fixées par la croissance, leur traitement sera plus compliqué. Tous les adultes ne sont pas du ressort de la chirurgie curative pour cypho-scolioses, sciatalgies entre autres problèmes à venir, mais tous n'y échapperont pas non plus.

Nous avons dit pourquoi l'élève gaucher est plus impliqué par ces risques vertébraux. Le geste d'écriture à main gauche n'est pas symétrique du geste d'écriture à main droite, c'est un geste refermant le bras sur le corps avons-nous dit. Écrire à l'envers et « en miroir » serait symétrique, mais ce n'est pas socialement acceptable.

Écrire implique tout le membre supérieur et parfois le tronc, surtout quand on se crispe.

Tourner la tête à gauche accentuera la torsion vertébrale du côté gauche si l'élève est mal positionné en classe par rapport au tableau ou au maître... qui n'est pas toujours du bon côté pour lui.

Ces contorsions suffisent à expliquer pourquoi les gauchers signalent des torticolis à répétition, des tensions dans les épaules et dans le dos et plus de risque de scoliose. L'adulte verra ces troubles vertébraux aggravés, d'où l'intérêt de la prévention ici préconisée.

Les techniques personnalisées

Laureline, gauchère, 25 ans, écrit verticalement (*cf.* la photographie page suivante).

La feuille où elle écrit est penchée vers la gauche à 90°. Elle écrit verticalement de bas en haut et de la gauche vers la droite. Son tracé se lira normalement de la gauche vers la droite en commençant par la ligne du haut. Il suffit de remettre la feuille en position verticale. Son écriture verticale est fluide, rapide, d'un naturel qui lui convient.

Le poignet est légèrement tordu mais la colonne vertébrale reste en bonne position.

Si on lui demande d'écrire sans pencher la feuille, la sanction est immédiate : le poignet se tord très fortement au-dessus de la ligne d'écriture. La colonne vertébrale se vrille et se scoliose. Malgré ces contorsions, Laureline a beaucoup de mal à écrire horizontalement.

Écriture verticale, feuille penchée à 90° vers la gauche.

Une autre jeune fille écrit verticalement, mais de haut en bas et de la droite vers la gauche, de sorte que sa main ne balaye pas le texte, ce qui se produit dans le premier cas d'écriture verticale.

Ces exemples de technique d'écriture montrent les difficultés que rencontrent certains élèves et de quelle façon ils ont résolu leur problème personnel à la recherche d'une position indolore.

Sauvés ou aggravés hors des règles ?

La conséquence d'une absence d'attention et de méthodologie adaptée aux défis personnels de certains élèves est qu'ils doivent les résoudre seuls. Ce qui ne va pas sans avatars et attitudes étranges. Écoutons Laureline : « *Pour écrire sans pencher le cahier, il me fallait tordre la main, mon dos se tordait et cela me faisait mal. Je n'arrivais pas à écrire. C'est pourquoi j'ai adopté cette façon d'écrire. On m'a fait écrire avec la main droite, mais c'était pire, au bout de trois mois j'en suis revenue à ma main gauche et à mon cahier penché à gauche.* »

L'enseignant est devant un problème. Faut-il laisser faire ? Certes le style de ces élèves n'est pas orthodoxe, mais l'écriture est correcte, harmonieuse et le dos en assez bonne position, sans douleur.

Les gauchers qui se conforment à la technique plus officiellement en vigueur sont aussi livrés à eux-mêmes car non accompagnés dans leur difficulté.

Tous ne sauront pas, comme Laureline, sauver leur dos. Beaucoup obéiront, imiteront leurs camarades. Peut-on reprocher à un élève d'être discipliné ? La douleur dorsale invoquée par certains n'est pas non plus favorable à une bonne concentration, les résultats scolaires doivent s'en trouver pénalisés.

La nécessité d'une approche personnalisée de ces difficultés devient évidente devant les risques du laisser-faire actuel. On ne contrarie plus les gauchers, c'est un grand progrès. Mais ce n'est plus suffisant, il ne faut pas laisser les élèves trouver seuls des solutions à leurs difficultés personnelles.

Une évolution insidieuse

Les troubles résultant de l'effort d'adaptation n'atteignent pas d'emblée leur intensité maximale. Il faut du temps pour qu'ils s'installent, parfois des années. La torsion-flexion du poignet au moment d'écrire, conséquence directe, et l'onychophagie (ongles rongés), conséquence secondaire, sont d'apparition très progressive et même lente, s'étalant sur une dizaine d'années parfois.

La possibilité de les remarquer varie donc selon l'âge de l'intéressé.

C'est pourquoi on passe très souvent à côté de ces problèmes durant toute la scolarité du niveau primaire. Cette évolution trompeuse est d'autant plus traîtresse que, pour leur bonne correction, ces troubles devraient être repérés avant leur installation complète.

Au niveau de l'enseignement secondaire, les troubles enclenchés sont bien manifestes mais les professeurs se sentent beaucoup moins concernés, les apprentissages de base sont censés être acquis.

Au niveau universitaire, on peut constater les contorsions vertébrales des gauchers pour écrire sur la tablette adjacente à la chaise. Et le médecin averti comprendrait plus et mieux que son confrère non averti. L'allusion médicale intéresse surtout tous ces gauchers qui s'ignorent et qui présentent de nombreux troubles incompréhensibles hors de leur véritable contexte, celui de l'inversion de leur fonctionnement inné.

La cécité des parents sur les troubles et parfois sur les souffrances de leurs enfants est loin d'être rare. Tel est le cas de cet enfant de 9 ans, au poignet nettement tordu au moment d'écrire, et considéré par son père comme tout à fait exempt du moindre trouble. L'œil des parents n'est pas toujours objectif. Il s'habitue progressivement et insidieusement au point de ne rien remarquer. Cette cécité parentale est très fréquemment observée, mais en outre, même quand ils remarquent un poignet tordu, ils le trouvent normal, ce qui est le comble des idées reçues.

« [...] *ma fille gauchère écrit avec la main tordue ce qui est normal puisque tous les gauchers le font* [...]. Christiane, octobre 2006.

Si cela est normal, pourquoi ne le font-ils pas tous ?

« *70 % d'enfants gauchers adoptent la position de la main tordue et donc 30 % ne le font pas.* » (Statistique établie par http://www.lesgauchers.com non sur des témoignages, pas toujours vérifiables, mais directement par constat auprès des enfants eux-mêmes.)

Nous serons donc attentifs à tout ce qui peut éviter ce genre de désagrément à l'enfant. L'esthétique de son écriture y gagnera également.

La crainte du regard des autres

« *À l'école, on m'a forcée à écrire avec la main droite en me disant que c'était plus facile comme cela ! C'était dans les années quatre-vingt, alors on n'utilisait plus d'encriers mais des crayons à papier bien gras. Mes cahiers étaient dans un état lamentable et la maîtresse me gardait pendant les récréations pour faire des copies. Maintenant, j'écris vraiment mal de la main gauche mais je ne peux pas m'empêcher de l'utiliser. Par contre, je stresse quand les gens me regardent écrire parce que j'ai vraiment une écriture d'élève de primaire ! Le pire de tout c'est quand il faut remplir un chèque vite fait sur un petit rebord de table ou de comptoir !* » Aurélie, janvier 2005.

Nul n'est vraiment indifférent au regard des autres. Celui des parents, de son enseignant et de ses camarades est loin de laisser l'enfant indifférent, bien au contraire, même s'il s'y fera crânement avec le temps.

Tout enfant en phase d'apprentissage est fragile. D'une manière générale, l'enfant est très sensible à la parole des adultes, soit pour être valorisé soit pour perdre parfois l'estime de soi-même sans laquelle il est impossible de réussir ni une bonne scolarité ni une vie affective ou professionnelle. Écrire étant un acte qui engage la personne, l'enfant sent qu'il peut être jugé sur son écriture et court, là plus qu'ailleurs, le risque d'inhibition, de perte de confiance en lui, de découragement qui pourrait le handicaper plus profondément et plus durablement.

« *Mon fils Tristan a 8 ans. Il a depuis le CP des difficultés dans la maîtrise de l'écriture. Cela lui engendre cette année de véritables angoisses face à la feuille blanche. Il se sent nul par rapport aux autres, celui que l'on attend, toujours à la traîne. Je valorise sa grande facilité en math et en lecture mais rien à faire ; il perd confiance en lui !* ». Mme B. Toulouse.

La perception des gauchers s'est améliorée et ceux-ci gagneraient à ce que cette évolution des idées en leur faveur se poursuive car trop de parents refusent encore, inconsciemment espérons-le, d'avoir un enfant gaucher. Tel père, auquel je demandais si son fils était gaucher m'a répondu (en 2005) : « *Non, chez nous tout le monde est normal* ».

Le fait d'écrire avec le poignet tordu peut être complexant pour certains. C'est un cas particulier de la relation à l'autre à travers son regard qui met en jeu, non plus le seul fait normal d'être gaucher, mais aussi une façon d'écrire trop visiblement disgracieuse.

L'enfant autocontrarié

L'autocontrariété peut être la conséquence de ses défis en tant que tentative d'y échapper.

« [...] *Je me suis forcée à écrire de la main droite pour éviter de déplaisantes remarques.* [...] » Anna, août 2006.

Bien que concernant les gauchers avant tout, l'autocontrariété se rencontre parfois chez les jeunes droitiers.

Le phénomène peut être très conscient et volontaire et, dans ce cas, il s'agira plus souvent d'adolescents que d'élèves du primaire. Le phénomène sera bien plus inconscient chez le jeune enfant.

Comment s'étonner face à tous les défis et inconvénients à subir si, hors de toute contrainte extérieure, certains jeunes gauchers s'imposent d'eux-mêmes de se servir de leur main droite. Ils s'efforcent d'écrire avec leur main faible, ou plus précisément avec leur moins bonne main, car, au départ, la différence entre les deux est souvent incertaine et hésitante. Les enfants peuvent s'autocontrarier pour plusieurs raisons.

On peut en imaginer quelques-unes :
– involontairement : faire comme les parents ou comme les camarades de classe, c'est l'apprentissage par l'imitation automatique sans idée préconçue ;
– volontairement : faire comme les autres pour mieux s'intégrer à son entourage et se soustraire aux moqueries des camarades prompts à se gausser de tout et de tous.

Cette autocontrariété sera toujours moins traumatisante que les anciennes coercitions, surtout si l'enfant n'était pas trop fortement latéralisé.

Mais se servir de sa main faible ne donnera jamais le confort assuré par la main dominante.

Le droitier contrarié

Soyons attentif au risque de contrarier un droitier à force de craindre de contrarier un gaucher.

Bien que le cas soit très rare, il faut le mentionner. Certains élèves apparemment gauchers sont en réalité droitiers. Ils subiront les conséquences de cette contrariété eux aussi.

Les parents ou l'enseignant peuvent par erreur croire un enfant gaucher parce qu'il s'est servi une fois de sa main gauche, ou parce qu'il tape dans le ballon du pied gauche. Il peut s'agir d'un gaucher hétérogène, bon gaucher du membre inférieur et pourtant bon droitier du membre supérieur. Il peut s'agir tout simplement d'un « essai » sans lendemain.

Dans le doute, on laisse faire et au moindre trouble, on recourt au bilan psychomoteur.

Ambidextrie et contrariété

L'ambidextre parfait et idéal tel qu'on l'entend habituellement n'existe pas, sauf dans la conviction des parents ou dans celle que l'on se forge parfois pour oublier ses difficultés.

L'ambidextrie dite « de naissance », qui consiste à écrire d'une main et à faire le reste avec l'autre, est très souvent la conséquence d'une inversion contre nature de la latéralité innée. Il s'agit le plus souvent de gauchers contrariés, mais des cas de droitiers contrariés, surtout autocontrariés, se voient aussi. En réalité, l'ambidextrie est multiforme en raison de la répartition très individuelle des gestes artistiques et personnels, comme dessiner ou se laver les dents, et les gestes symboliques relationnels et très précis comme écrire.

Et même pour le seul geste d'écriture, il existe des cas d'ambidextrie : tel élève écrira d'une main dans son cahier… et de l'autre pour écrire au tableau. Un adulte me confiait : « *à une table, j'écris de la main gauche, mais sur une surface verticale cela m'est absolument impossible, il me faut écrire avec la main droite* ».

En clair, nous pouvons rencontrer deux types de gauchers ambidextres :
– le vrai gaucher, faux droitier écrivant de la main droite car contrarié ; c'est le cas le plus probable ;
– le faux gaucher, vrai droitier contrarié.

Il faut être attentif aux deux cas. Les élèves gauchers qui nous préoccupent sont restés fidèles à leur main gauche, sinon graphique, puisqu'ils écrivent avec leur main droite, du moins gestuelle, pour beaucoup de gestes courants (se laver les dents, donner les cartes, tenir un outil). Il n'y a aucun mystère, la nature a défendu son territoire… mais à quel prix ? Certains « ambidextres » sont surtout insuffisamment latéralisés. Ces derniers ambidextres le sont vraiment de naissance, mais ce n'est pas pour leur bonheur car c'est pour eux une raison de mal cerner leur identité et de présenter quelques difficultés d'adaptation.

Il n'est pas bon d'avoir le choix entre les deux mains. Au niveau cérébral, il suffit de quelques millisecondes de tergiversations pour provoquer plus de gestes malhabiles que de prouesses.

8. Contrarier sa latéralité expose l'enfant à des troubles

Même si en France on ne contrarie que très rarement les gauchers, il faut considérer ce cas de figure puisqu'on en compte encore presque autant que de gauchers avérés, c'est-à-dire 12 % de la population.

Contrarier une latéralité ne changera pas que la main qui écrit. En effet, l'organisation et la répartition des tâches au sein des deux hémisphères cérébraux en sera profondément changée, y compris aux niveaux psychiques, corporels et viscéraux, car ces fonctions dépendent des stimulations initiales. La symbolique de la main prévalente interfère sur tout le développement émotionnel, psychologique et relationnel de l'individu.

Tout gaucher contrarié dans son expression gestuelle développera donc des troubles qu'il aurait ignorés si on l'avait compris et accepté.

L'intensité et la nature des troubles dépendent de l'intensité et de la nature de la contrariété.

Origines de la contrariété

L'enfant

Nous avons déjà signalé le cas de l'autocontrariété toujours possible pour diverses raisons selon l'âge de l'intéressé. Il s'agit presque toujours d'enfants gauchers qui s'inversent d'eux-mêmes, plus rarement d'un enfant droitier.

« [...] *Mon petit garçon de 6 ans est donc un droitier contrarié. Il lui a été proposé de changer de main à la suite de quelques séances de grapho-motricité mais il n'a pas voulu. Il a toujours écrit de la main gauche donc il se sent plus à l'aise comme cela. Pourtant, dès qu'il doit faire quelque chose spontanément il le fait de la main droite et tout ce qu'il fait de la main gauche est plutôt laborieux.* » Pascale, août 2006.

Les parents

Lors de mes investigations, j'ai pu constater que beaucoup de parents en sont encore en France aux préjugés négatifs d'une autre époque. Au point que j'ai dû redoubler de tact et changer de vocabulaire avant d'oser leur demander si leur enfant était gaucher ; une supposition qui en vexait quelques-uns.

« [...] *Je voudrais aussi réagir sur les préjugés et les pseudotraditions. Quand j'étais petite mon père voulait absolument que j'écrive à la main droite et il considérait qu'être gaucher était une maladie.* » Stéphanie, mars 2006, la Martinique.

« [...] *En ce qui me concerne c'est ma chère et tendre mère qui ne voulait pas que je sois gauchère.* [...] ». Amanda, août 2006.

«[...] *Le problème est que mes parents qui sont tous les deux droitiers, n'ont jamais accepté le fait que je sois gauchère. Si bien que ma mère m'a obligée lorsque j'étais plus jeune à manger de la main droite. Je l'ai très mal vécu, je pleurais à table à tous les repas.*

Une horreur ! ».F., août 2005.

Le témoignage suivant montre combien les craintes dogmatiques ont la vie dure et combien il est difficile à certains d'admettre qu'être gaucher n'est ni une maladie ni un handicap.

« *Mon fils de 7 ans est gaucher, il rentre au CE1 en septembre. Nous nous sommes rendu compte très tôt (à 5 mois) qu'il utilisait exclusivement sa main gauche. Nous avons eu un peu peur qu'il ait un problème avec la droite mais non : il est gaucher de la main, du pied, de l'œil.*

Au quotidien, on s'adapte et c'est avec sa petite sœur qui est droitière que c'est un peu difficile car il ne faut plus faire "comme" avec un gaucher mais normalement.

Il a encore beaucoup de mal à se servir de sa main droite de façon systématique et nous sommes obligés de le solliciter très souvent pour qu'il ne soit pas maladroit quand il s'en sert. ». Cécile, juillet 2005.

Autrement dit : « On accepte d'avoir un enfant gaucher mais à condition qu'il se serve de sa main droite. »

L'école

« *Bonjour, mon fils vient de faire sa rentrée en maternelle. Et là, impossible de faire reconnaître le fait qu'il soit gaucher. Maîtresse comme ATSEM me disent avoir bien remarqué l'utilisation de sa main gauche mais qu'elles essaient de le faire travailler avec la droite pour que plus tard il ne rencontre pas de problème dans sa scolarité. Je suis atterrée qu'en 2005 on puisse encore penser ainsi.* » Mme G., septembre 2005.

« *Ma main naturelle est la gauche. Or, au CP pour faciliter son travail, ma maîtresse m'a fait écrire de la main droite. Mes parents ne se sont pas opposés et j'ai plutôt été malléable. Cependant aujourd'hui j'écris mal, ma main est placée au-dessus de la ligne et mon poignet est tordu* [...] ». T., janvier 2006.

Est-ce un lapsus qui fait écrire à T. « *...pour faciliter son travail ma maîtresse...* » ? Voulait-il dire « *mon travail* », ce qui aurait une signification différente en ce qui concerne la motivation de la maîtresse. La plupart du temps, les instituteurs croient soulager le travail de l'enfant en le contrariant. Certes, beaucoup expriment leur crainte de voir leur travail accru par la prise en charge d'un élève gaucher alors que c'est l'inverse qui résultera d'un enfant bon élève plutôt que perturbé.

« *Je suis maman d'un garçon de 9 ans qui éprouve beaucoup de difficultés à écrire correctement (lettres et chiffres formés le plus souvent à l'envers et très mal formés au point d'être parfois illisibles). Lors de son entrée à l'école maternelle les enseignants n'ont pas voulu reconnaître qu'il était gaucher et l'ont donc "obligé" à apprendre à écrire de la main droite.* ». Madame A., avril 2006.

« *J'ai toujours pensé que mon petit garçon aujourd'hui âgé de 5 ans est gaucher. Il écrit de bas en haut, à l'envers ou en miroir, fait ses cercles en sens inverse. Mais à l'école on lui a imposé sa main droite. Il a plus de difficulté que les autres et je pense que c'est lié.* » Madame D., mai 2006.

La contrariété : un remède pire que le mal

Voilà pourquoi il est vain de s'efforcer d'orienter à main droite un enfant manifestement gaucher, incitation qui émane parfois d'un bon sentiment. Il est vrai qu'après l'âge de l'apprentissage scolaire, d'autres tracas l'attendent, l'outillage électromécanique par exemple et tant d'autres. On veut l'aider à s'adapter à l'univers droitier une fois pour toutes.

Hélas, les risques et les conséquences d'une inversion forcée de la latéralité innée sont bien plus terribles que ceux que l'on prétend lui épargner en l'aidant à s'adapter au monde et aux techniques des droitiers.

En contrariant un enfant en difficulté, on ne corrigera pas sa tendance à écrire à l'envers certaines lettres, ni d'éventuelles écritures jugées disgracieuses ou mal orthographiées.

En contrariant l'élève gaucher, on le prive de son meilleur potentiel gestuel, ce qui est évident. On inhibe aussi son aptitude à s'adapter en perturbant sa personnalité.

Ici encore, la chronologie d'apparition des troubles explique les visions différentes car différées selon l'âge des élèves, donc selon le niveau d'études où on les considère.

Bégaiement, repérage spatio-temporel, difficultés d'écriture, énurésie (pipi au lit), scoliose, onychophagie, repliement sur soi, obésité, ou agitation, bien que non inhérents au seul fait d'être gaucher, sont signalés comme conséquences de l'une ou de l'autre forme de contrariété.

Chez l'enfant, tout trouble du comportement doit faire penser à une latéralisation contrariée. Parents, enseignants et médecins sont concernés.

Rappelons que le gaucher non contrarié dans sa latéralité et bénéficiant d'un entourage averti est indemne de la plupart de ces troubles, sauf s'il a d'autres raisons d'être perturbé.

Le bégaiement

Le bégaiement est le premier trouble à apparaître. Il est quasi immédiat, en quelques jours ou en quelques semaines le dérapage peut se produire. Nous croulons sous les témoignages et les études allant dans ce sens. Tout enfant se mettant à bégayer doit donc être considéré gaucher contrarié avant d'envisager une autre cause. D'autres facteurs émotionnels traumatisants peuvent être à son origine. La fille et le droitier contrariés sont moins sensibles à ce risque.

« *Je suis gaucher de naissance ainsi que ma sœur mais j'ai commencé mon existence comme droitier* [...] *bien que j'ai connu un arrière-grand-père lui-même gaucher.*

Mes problèmes ont commencé vraiment avec la scolarité, d'abord par un bégaiement qui ravirait les raconteurs d'histoire puis une forte dyslexie [...] » Patrice, 2005.

« *J'ai 42 ans. Il me semble avoir toujours tiré une grande fierté d'être gauchère. J'ai subi, lors de l'apprentissage de l'écriture, la contrariété d'être forcée à écrire de la main droite. Des bégaiements ont suivi et ont convaincu mes parents d'interrompre cette tentative. Depuis, je suis une gauchère heureuse* [...] ». Christine, professeur des écoles, 2005.

Lorsque c'est l'enfant qui s'est auto-contrarié, le bégaiement est absent. Les perturbations psychologiques résultant des difficultés graphiques et des échecs scolaires prennent d'autres aspects.

L'énurésie

L'énurésie est également précoce. Manquant d'études à son sujet, mettons-la en deuxième place sans crainte de nous tromper de beaucoup.

L'onychophagie

Le rongement des ongles est retardé, mais ce signe d'anxiété peut parfois débuter dès l'école primaire. Au début, le gaucher mis sous tension ne se rongera pas les ongles, il le fera progressivement et de plus en plus. Ce sont les enseignants du secondaire qui le constateront, s'ils sont sensibilisés à ce problème et à l'une de ses causes majeures. Ceux du primaire le constateront donc moins souvent. L'onychophagie affecte les gauchers contraints d'écrire avec leur main droite, mais elle touche aussi ceux contraints de s'adapter au monde droitier bien que non contrariés dans le choix de leur main graphique.

La boulimie

La boulimie et l'obésité qui en résulte ne sont pas les troubles les plus souvent mentionnés comme conséquences d'une latéralité contrariée. Est-ce parce qu'on n'y pense pas et que l'on passe à côté du bon diagnostic ou parce qu'elle est rare ?

N'oublions pas que nous sommes au début d'une ère nouvelle qui défriche le terrain après une longue période où l'on a cru que contrarier les gauchers était sans risque, ce qui dispensait de faire des recherches dans le bon sens. Des cas de gauchers contrariés devenus obèses de ce fait commencent à être recensés. L'information du corps médical devrait là aussi faire évoluer les idées et la compréhension de beaucoup de cas cliniques. En raccourci, l'interrogatoire médical devrait systématiquement s'intéresser à la latéralité des malades.

Les troubles immunologiques et la longévité moindre

L'insuffisance immunologique et la moindre longévité attribuées aux gauchers sont-elles innées ou acquises par des années de contrariété ? Les statistiques publiées sur ce point concernent des générations fortement contrariées. Des études plus actuelles ne devraient pas être aussi défavorables pour les générations moins ou pas contrariées, en dehors du fait signalé ci-dessus de devoir se confronter tous les jours à la technologie droitière. Il faudra attendre avant de pouvoir en mesurer vraiment l'amélioration et la disparition sur les générations actuelles.

C'est intentionnellement que ces troubles sont classés aux conséquences d'une inversion contre nature de la latéralité afin de répondre, en les réfutant, aux thèses alarmistes les incluant dans la fatalité génétique des gauchers.

Les difficultés scolaires (lecture, écriture)

Le droitier n'est sans doute pas épargné en raison de la multiplicité des causes. Le gaucher est concerné par deux mécanismes :

– le gaucher contrarié, en difficulté car il doit écrire avec sa main faible. L'obstacle n'est pas insurmontable, mais il doit suffire à expliquer un certain nombre de cas. Combien d'élèves en difficulté scolaire se recrutent parmi eux bien que comptés droitiers ?

– le gaucher reconnu, puisque, même s'il a la chance de bénéficier d'un bon entourage familial et scolaire, il devra en passer par un sens de lecture et d'écriture inverse de son sens inné.

Les troubles vertébraux

Nous les avons rencontrés avec les conséquences des défis obligatoires que doit relever tout gaucher. Ici, il s'agit de l'empêchement forcé de se servir de sa main forte. Il peut en résulter des crispations et des attitudes préjudiciables à la bonne statique vertébrale. Le cas d'Aurélie en témoigne :

« [...] *en fait, j'ai été un peu obligée à ce changement parce qu'apparemment le fait d'avoir écrit de la main droite pendant toutes ces années serait la cause d'une grave scoliose dont j'ai été opérée à l'âge de 13 ans.* ». Aurélie, octobre 2005.

La perte des aptitudes naturelles

« *J'ai eu le malheur d'avoir une instit qui m'a obligé à me servir de ma main droite pour l'écriture cursive.*

Dans ma famille, bien que l'on ne m'ait pas empêché de me servir de ma main gauche, lorsque je m'en servais, les anciens avaient coutume de dire que j'utilisais ma "patte sale" et pour l'enfant que j'étais cela me renvoyait à une animalité malsaine dont je me souviens encore (bonjour le trauma !).

Donc aujourd'hui il est clair que j'écris de la main droite (sauf la scripte et quand j'écris sur un tableau.)

C'est étrange car en écrivant de la main droite, je sens bien au fond de moi qu'il n'y a pas harmonie entre mon cerveau et ma main droite ; en revanche, lorsque je m'amuse à écrire de la main gauche, forcément mal, je suis en complète harmonie main et cerveau et cela me détend. [...] Aussi pour me relaxer il m'arrive souvent de dessiner des pages de lettres majuscules cursives avec la main gauche mais ce n'est plus de l'écriture c'est du dessin, au moins ils ne m'ont pas tout enlevé. ». Roger A., 2006.

Le fait de ne pas bénéficier de l'appui de sa main la plus performante n'est pas un atout pour réussir. Jamais l'éducation du membre faible ne donnera une prouesse égale à celle du membre prévalent de naissance.

Les professeurs de sport et notamment de tennis le savent bien. L'habileté manuelle, graphique et gestuelle ne sera pas pleinement atteinte chez un gaucher contrarié. Il y aura forcément une difficulté au moment d'écrire, de dessiner, de jouer d'un instrument de musique, d'utiliser un matériel de sport, raquette ou club de golf et même au niveau des gestes quotidiens, en cuisine par exemple ou au bureau.

En outre, l'abandon de la main prévalente, ici la gauche, laissera dans l'oubli les fonctions cérébrales qu'elle stimulait (par exemple, le sens spatial et artistique). Le gaucher contrarié perd une bonne part de son talent artiste. Cette perte est non seulement graphique mais également conceptuelle, il concevra moins bien dans l'espace. Il dessinera moins bien qu'il ne l'eût fait avec sa main gauche.

Le quotient intellectuel

Le quotient intellectuel est en partie inhibé car il n'est plus correctement stimulé ; il est surtout brimé par la gêne que constitue la contrariété d'une expression naturelle.

L'épanouissement psycho-affectif

L'épanouissement psycho-affectif ne saurait être pleinement effectif sur des bases ainsi freinées. Les adultes qui se souviennent du temps où on les a contrariés de façon coercitive nous enseignent beaucoup à ce sujet. Même s'ils se sont admirablement adaptés, ils expriment quelques regrets.

Le trouble de l'identité et du schéma corporel

Le fait d'avoir inversé les rôles des deux hémisphères cérébraux gêne l'organisation et la perception de schéma corporel. Il en résulte un malaise dû à cette vision floue de soi-même.

Nous nous référons aux termes mêmes employés par les intéressés. Certaines personnes se plaignent d'avoir des difficultés à « trouver leur identité ». Ce trouble, qu'ils définissent mal, les perturbe psychologiquement et brime leur épanouissement. Il semble s'agir souvent d'une contrariété de la latéralisation dominante, et ce, aussi bien chez le gaucher que chez le droitier.

L'étude de l'écriture en miroir va illustrer et peut-être confirmer cette perturbation du schéma identitaire. Il ne s'agit pas de la contrariété imposant un changement de main, mais de celle qui impose un sens social et culturel de l'écriture.

✓ Le verdict de l'écriture en miroir

Le témoignage ci-dessus de Roger a introduit un aspect de l'ensemble des troubles de l'identité et du schéma corporel. L'écriture en miroir nous fournit une possibilité d'approfondir le problème.

Il est possible, à l'aide d'un logiciel, de redresser l'écriture en miroir pour la rendre accessible au commun des Occidentaux. Cette opportunité technique permet de répondre à la question préalable : les deux écritures, écrites par une même main, une fois de gauche à droite et une autre fois de droite à gauche et en miroir, sont-elles identiques ? Prenons un exemple grâce à la collaboration de Richard Devill, le « magicien adroit de la main gauche », selon son slogan révélateur.

Examinons d'abord son écriture normale, donc en miroir.

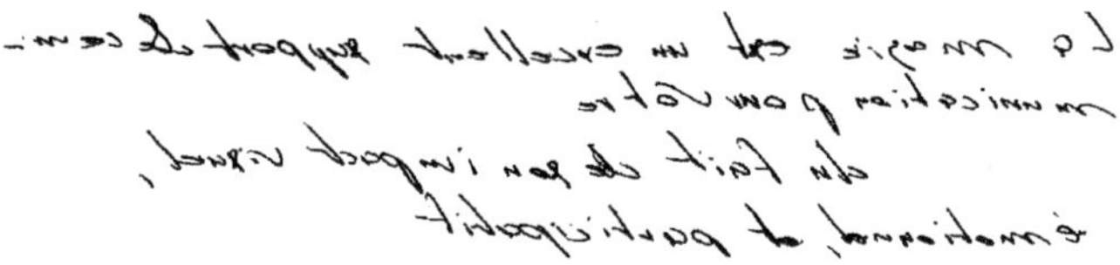

Écriture spontanée en « miroir »

Le même texte lu grâce à un miroir va nous permettre d'en comparer le graphisme avec celui socialement imposé.

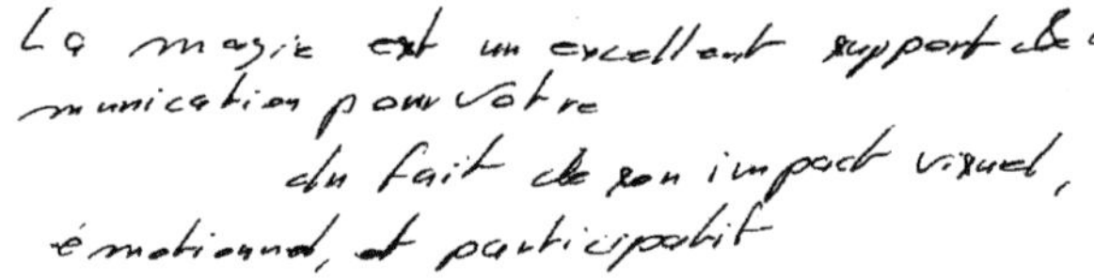

Écriture en « miroir » lisible dans un miroir

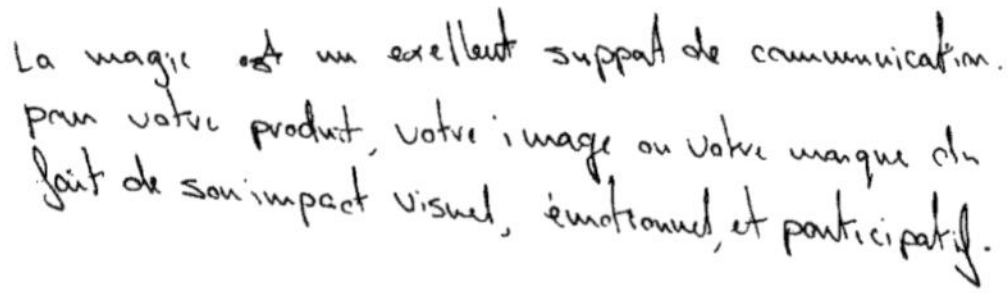

Écriture sociale tracée de la gauche vers la droite

Les deux spécimens du même texte sont écrits par la même personne, avec la même main, la gauche en l'occurrence.

La première est l'écriture que devrait avoir un gaucher, celle qui exprime sa vraie personne ; la deuxième est celle qu'il a sous le dictat du sens droitier.

La démonstration est d'autant plus probante qu'il ne s'agit aucunement d'une maladresse de débutant.

Ces différences de graphisme sont insuffisantes pour désorienter un graphologue. Mais l'une sera qualifiée d'harmonieuse et l'autre de dysharmonieuse. L'écriture en miroir n'indique pas de stress, l'écriture de gauche à droite montre, sinon un stress pour ce témoin considéré, du moins une absence de maîtrise. Et c'est là que le bât blesse car nous sommes dans notre sujet, celui de la maîtrise de l'écriture par de jeunes enfants scolarisés.

Il est également important de savoir ce que l'intéressé en pense, lui qui a réalisé ces montages pour illustrer son témoignage :

« [...] *de cette manière je peux démontrer aux droitiers et aux gauchers également que mon écriture est ce qu'il y a de plus normal, alors que mon écriture partant de « gauche » que le monde des droitiers m'a imposée est une écriture avec laquelle je ne m'identifie absolument pas ! Les lignes ne sont plus parallèles, mon écriture est très lente et fatigante pour la main* [...] *s'il fallait écrire toute une page ce serait une torture.*

Je voudrais informer les gauchers qui se questionnent très souvent sur les problèmes engendrés par leurs écritures vis-à-vis des droitiers, c'est d'essayer d'écrire comme il se doit – de droite à gauche. Et là ils auront toutes les réponses à leurs questions identitaires, de souffrances [...] et d'ailleurs ils auront beaucoup moins de mal à apprendre à écrire en miroir que durant leurs classes en primaire. »

Tous les gauchers ne maîtrisent pas l'écriture en miroir, mais lorsqu'ils savent le faire, leurs témoignages concordent.

Tous concourent à démontrer que l'élève gaucher est ou stressé ou provisoirement gêné par le sens d'écriture auquel il doit s'astreindre pour des raisons sociales évidentes.

Roger et Richard sont deux adultes ayant du recul par rapport à leur histoire. Ils l'analysent et trouvent des compensations. Mais un enfant mis ainsi en difficulté ne peut que souffrir et se complexer.

Et encore, il s'agit d'enfants dûment répertoriés gauchers. Il y a les autres, tous ceux qui essayent d'écrire de la main droite en attendant que leur vraie latéralité soit reconnue. Pour comprendre leur difficulté, les adultes droitiers peuvent essayer d'écrire de la main gauche et méditer, eux qui ont l'expérience et le recul suffisant pour gérer tout genre de nouveauté, tant la vie leur en a fait voir d'autres auparavant.

Devant les murailles gouvernementales, qui nous reçoivent poliment, promettent et ne réforment rien, devant l'inertie des statuts et des statues de l'Éducation nationale, les répétitions volontaires permettent de dire et de redire à quel point l'essentiel, pour élaborer une pédagogie correcte de l'élève gaucher, est dans cette inversion du sens de pensée. Si ce point était acquis, compris et pris en compte, le reste qui en découle très souvent ne nécessiterait plus autant d'attention.

De toute façon, ce n'est pas sortir des limites de l'élève du primaire que d'attirer l'attention sur ces renaissances (c'est le terme employé par ces adultes) dues au retour à l'écriture de droite à gauche. Elles démontrent *a posteriori* qu'il y avait bien eu, lors de l'étape scolaire, un blocage, une inhibition de l'épanouissement personnel engendré par la nécessité d'écrire de gauche à droite.

La perturbation du repérage temporo-spatial

Le sens temporo-spatial, qui intéresse la chronologie et l'espace, permet de distinguer la droite de la gauche, le dessus du dessous, l'avant de l'après. Il facilite le sens du rangement et du classement.

Beaucoup de personnes ont quelques problèmes pour se repérer dans l'espace ou pour classer, situations qui requièrent un sens de la hiérarchie des idées et celui des rapports entre le contenant et le contenu.

Les droitiers ne sont pas épargnés par la confusion entre la droite et la gauche. Cependant, actuellement encore, les séquelles d'une absence de méthodologie pédagogique se font sentir chez les gauchers et surtout chez les mal latéralisés.

À l'époque où ils étaient systématiquement contrariés, les raisons d'être perturbés ne manquaient pas aux gauchers ; ceux qui ont subi ces errements pédagogiques ont des excuses à faire valoir.

Actuellement, où on laisse faire pratiquement tous les élèves gauchers, sauf quelques rares exceptions, certains spécialistes invoquent un décalage de maturation entre l'enfant gaucher et le droitier. Est-ce inéluctable car physiologique, ou purement éducatif ? L'avenir, mieux engagé par l'application de ces nouvelles bases pédagogiques, permettra de répondre avec plus de conviction.

Remarque : la confusion des accents graves et aigus est plus rattachable à une mauvaise distinction du sens droite/gauche qu'à la latéralité elle-même. En effet, dans les deux cas, droitier et gaucher, il existe les deux sens d'écriture, penchée vers la droite ou vers la gauche selon le type d'accent.

3

L'accompagnement de l'élève gaucher

SOMMAIRE

9. Repérer la latéralité de l'enfant

Signes et tests

Puisque le problème de la latéralisation contrariée est souvent impliqué dans de nombreux troubles tels le bégaiement, l'énurésie persistante, la coprorésie, il est logique de savoir détecter des erreurs d'aiguillage.

Le repérage de la latéralité est avant tout l'affaire du spécialiste psychomotricien. On y recourt lors d'un signe d'appel mettant en doute la vraie latéralité de l'enfant. On peut penser à un problème de latéralité devant tout trouble intense ou durable du comportement, quelle qu'en soit la nature. Un enfant « propre » qui se remet à s'oublier ainsi signale clairement qu'il est « contrarié » quelque part. Il peut s'agir aussi de problème corporel (mauvaise posture), ou psychologique (agressivité, opposition, repliement sur soi, inhibition).

Actuellement, toujours par manque d'information à cet égard, les parents ne jugent pas encore nécessaire de se préoccuper activement de la latéralité de leurs enfants. D'autre part, la scolarité se faisant de plus en plus tôt, certains enfants arrivent à l'école sans avoir révélé avec certitude leur latéralité de prédilection. Les instituteurs, surtout donc ceux des classes maternelles, vont apporter leur contribution à ce repérage.

La nécessité de savoir repérer une latéralité est rendue évidente par les risques et les conséquences que nous avons rencontrés avec les cas de contrariété de l'asymétrie physiologique de l'enfant et qui résultent parfois de la seule méconnaissance de sa vraie latéralité.

Il n'est pas inutile de rappeler que beaucoup de droitiers, environ 12 % de la population en France, sont gauchers sans le savoir. Aucun ne sort entièrement indemne, pleinement épanoui et performant d'un tel fourvoiement initial.

Avertissement : avant de s'intéresser aux divers tests ou signes qui passionnent toujours, il faut être mis en garde contre une confiance exagérée en un seul signe. Aucun test, aucun signe n'est fiable à 100 %. Il faut toute une batterie de tests se recoupant en un faisceau convergent pour obtenir un résultat crédible.

Les tests ici présentés sont classés en méthode directe et en méthode indirecte selon que l'on s'adresse à la main directement ou indirectement.

La méthode directe

Ces tests mettent en jeu la participation gestuelle et plus précisément manuelle du sujet. Ils peuvent être simples, comme tendre un hochet ou un crayon pour observer avec quelle main l'enfant s'en saisit. Les tests peuvent aussi être plus sophistiqués.

Les gestes quotidiens

Simples et souvent fiables, les gestes quotidiens sont utiles pour notre but si l'enfant n'est pas fortement influencé. Il le sera toujours un peu par son esprit d'imitation ou par le manque d'attention et d'impartialité des parents.

Selon l'âge de l'enfant, nous pourrons essayer de voir :
– quel pouce il suce ;
– avec quelle main il saisit les objets.

Plus tard, on observera avec quelle main :
 * il se mouche ;
 * ôte le capuchon du stylo ;
 * visse ou dévisse un couvercle ;
 * tient le taille-crayon ;
 * ouvre ou ferme un robinet ;
 * distribue ou fait semblant de distribuer des cartes à jouer.
– Avec quelle main tient-t-il la brosse à dents ?
– L'enfant change-t-il de main rapidement et spontanément pour gribouiller ou pour tenir sa cuillère ? Dans un premier temps, il a pu saisir l'outil d'une main peut-être un peu « forcée », soit pour se conformer à l'environnement, soit par incitation involontaire d'un entourage bien intentionné. Par exemple, des parents gauchers croyant leur enfant gaucher, peuvent lui tendre plus ou moins inconsciemment la cuillère ou le crayon vers sa main gauche. Ici un changement rapide de main de la part de l'enfant est un signe révélateur de sa vraie latéralité.

À L'école

✓ Des cas d'étranges ambidextries

Si un élève écrit d'une main et fait le reste de l'autre, ou s'il écrit d'une main dans son cahier et de l'autre au tableau, on est en droit de suspecter un début de contrariété de sa latéralisation. La main graphique peut ne pas être la main usuelle. Bien informé sur la possibilité de latéralités croisées, l'enseignant ne se laissera plus abuser par des gestes trompeurs. Mais s'il y a doute, le bilan psychomoteur s'impose.

« [...] *je suis gaucher de la main mais droitier du pied. Cette configuration m'a valu d'être contrarié et contraint d'écrire de la main droite. À l'école on avait remarqué que dans la cour je tapais le ballon du pied droit et on m'avait donc catalogué droitier. Devant les troubles qui ont suivi on m'a laissé à nouveau écrire avec ma main gauche et tout s'est arrangé.* » Christian.

Cet exemple est pris parmi quelques autres très analogues. Il est possible de rencontrer des cas d'enfants droitiers orientés à main gauche, donc contrariés pour la même raison. Ils nous montrent l'intérêt de se méfier de ses latéralités croisées avant de se faire une opinion définitive sur la vraie latéralité d'un élève. Ce qui nous intéresse pour notre sujet, c'est surtout la main, plus que l'œil ou le pied, puisque c'est au niveau de l'écriture que des difficultés peuvent surgir, surtout s'il y a hésitation ou erreur dans le choix de la main.

Les latéralités croisées expliquent qu'un droitier de la main et du membre supérieur, en général, place sa carabine ou son arc à gauche pour viser si son œil directeur est le gauche. Cependant, c'est une situation piégeuse qui peut semer le doute dans un jeune esprit. Car, l'enfant, par exemple droitier, ne sait pas si son œil de visée est le gauche ou le droit. Il procède comme il le voit faire par les autres. Essayant de viser avec son œil droit, il rate la cible à tous les coups et ne comprend pas pourquoi il échoue là où tout le monde réussit. Pour peu qu'on se moque de lui, qu'on le taxe de « maladroit », le voilà inhibé ou en perte d'estime de soi pour un moment.

Face à ce type de difficulté, un formateur averti pensera à tester la latéralité visuelle de l'enfant et lui montrera comment il doit « corriger le tir ». Et, miracle, ou plutôt logique d'une saine et correcte approche de la difficulté, la cible sera atteinte avec au moins la même efficacité que celle de ses camarades.

Ces latéralités croisées peuvent induire en erreur. Le nombre de gens qui « préfèrent » utiliser un membre pour une activité et l'autre pour des activités différentes incite à la prudence. On parle d'ambidextrie mais, en réalité, il s'agit souvent d'une adaptation à une contrariété.

« *Un de mes élèves gauchers, qui écrit donc de la main gauche et sans difficulté, m'intrigue. J'ai remarqué lors des jeux de balle qu'il lance toujours la balle avec sa main droite.* » Charles, professeur des écoles, octobre 2006.

Le lancer de balle est un geste spontané auquel on accorde de la valeur pour déterminer la latéralité normale de l'élève. Une absence de concordance entre la main qui lance la balle et celle qui écrit peut faire penser à une contrariété. Mais il faut tenir compte que, si écrire se fait certes avec tout le membre supérieur, c'est surtout la main qui est mise à contribution. Tandis que dans le lancer de balle, la main se contente de tenir la balle, le lancer à proprement parler implique tout le membre supérieur aidé de tout le corps. On peut donc admettre ici qu'une latéralité hétérogène au sein même d'un seul et même membre a désolidarisé la main du bras et de l'épaule.

Ce genre observation soulève une difficulté théorique. Tant qu'aucun problème n'apparaît, on peut rester vigilant et surtout ne rien imposer sans l'avis et le diagnostic préalables des psychomotriciens.

C'est pourquoi, en l'absence de troubles, on restera serein face à ces cas très fréquents d'enfants gauchers pour écrire, sans pression sur ce choix, qui « préfèrent » jouer au tennis avec la main droite. On ne joue pas au tennis avec la main mais avec tout l'hémicorps et avec l'œil. Tant pour des raisons visuelles que motrice, l'enfant peut être amené à ce genre de choix qui intrigue l'entourage.

En revanche, il faudra être plus alarmé quand l'élève change de main pour écrire au tableau et vérifier qu'en écriture horizontale, il ne penche pas la feuille à 90°, ce qui est trop.

Le vrai ambidextre, celui qui sait tout faire aussi efficacement, ou presque, indifféremment avec sa main gauche ou sa main droite, est une chimère et souvent un paravent derrière lequel se cache soit une latéralité dominante contrariée soit une insuffisance de latéralisation.

À propos des ambidextres paradoxaux, Marie-Alice Pasquier Grall, psychologue, nous précise :

« *L'ambidextre est souvent un gaucher à qui l'école ou les parents demandent d'utiliser la main droite. Un œil exercé s'aperçoit qu'il y a toujours une main dont le contrôle et la coordination sont meilleurs. [...] Un enfant qui dessine de la main gauche écrira-t-il de la main gauche ? Non, car l'enfant qui dessine n'est pas l'enfant qui écrit. [...]Quand l'enfant passe du dessin à l'écriture, c'est-à-dire de l'imaginaire au symbole, il passe aussi de la liberté au code, d'un jeu avec l'espace qu'autorise le dessin, aux contraintes qu'impose le tracé progressif de signes sur une ligne*[11]. »

L'enseignant peut compléter ces observations par les quelques tests suivants qui sont propres à confirmer une latéralité dont l'évidence ne s'impose pas.

✓ Faire écrire chaque élève au tableau

Écrire au tableau, ne serait-ce que pour tirer des traits, peut révéler des paradoxes. La surprise de voir l'élève changer de main pour s'exprimer au tableau sera peut-être rare mais très indicatrice d'une ambidextrie signalant une très probable contrariété.

N'oublions pas qu'il y a plus de « contrariés » que d'ambidextres. Quand la main qui écrit n'est pas celle qui accomplit ces gestes personnels, on doit être mis en éveil quant à la vraie et originelle latéralité de l'enfant.

✓ Le test des taille-crayons

Deux taille-crayons à réservoir de copeaux, l'un pour droitier, l'autre pour gaucher sont laissés au libre choix de l'enfant. Lequel aura sa préférence ? On le vérifie grâce au réservoir le plus rempli.

✓ Le test de « la » marionnette

Faire les marionnettes consiste à agiter ses mains dans un mouvement rotatif rapide et alternatif dans un sens et dans l'autre. Les deux mains semi-ouvertes sont élevées devant soi au niveau des épaules environ.

Faire non pas « les » mais « la » marionnette est un test très indicatif car il met en jeu des syncinésies gestuelles involontaires. Il s'agit de petits mouvements involontaires qui accompagnent un geste volontaire. Par exemple, un petit doigt qui se fléchit alors qu'on aurait voulu n'actionner que son voisin, l'annulaire.

Quand c'est le côté opposé qui participe au mouvement de façon involontaire, c'est très indicatif. Un enfant en âge de faire la marionnette avec une de ses mains peut être testé. Pendant qu'il fait la marionnette

---

11. Marie-Alice Pasquier Grall, *Les gauchers*, éditions Le Cavalier Bleu, 2001.

avec une seule main, on observe l'autre, laissée le long du corps. Si elle tourne aussi, c'est que la maturité neuromusculaire est plus avancée de son côté, et c'est le côté hémicorporel préférentiel.

Autrement dit, un gaucher faisant la marionnette avec sa main droite bougera aussi sa main gauche laissée pendante. Pour le droitier, ce sera l'inverse. Bien sûr, on teste les deux côtés pour chaque enfant.

✓ Un test d'endurance

La plus grande endurance à l'effort d'un hémicorps par rapport à son homologue est souvent utilisée pour compléter un repérage.

En voici un exemple avec le test des marionnettes, mais cette fois nous utiliserons les deux mains.

Pour confirmer le résultat obtenu avec le test de « la » marionnette, il est possible de tester l'endurance de chaque main. On fait faire les marionnettes avec les deux mains pour savoir qu'elle main se fatigue et se déstabilise la première. Le gaucher se désunira plus vite avec sa main droite. On recourt à ce genre de tests d'endurance chez les grands et chez les adultes.

Il existe de nombreux autres tests dont seul le recoupement est significatif. Nous en citerons quelques-uns car ils ne demandent aucun outillage ou appareillage et ils se font rapidement. Ils demandent de la part de l'enfant un minimum de spontanéité donc de rapidité d'exécution.

Par exemple :
– mettre les deux mains sur la tête et l'une sur l'autre : celle du dessus est la dominante ;
– croiser les bras sur le devant du corps ; le bras dominant se positionne dessus ;
– claquer des doigts.

✓ Un test à réserver aux adultes

Craquer une allumette et surtout allumer un briquet à mollette met en jeu le pouce préférentiel. C'est un signe de haute valeur pour repérer la main dominante en raison de l'importance du pouce dans toute l'expression motrice de l'Homme.

✓ Tirer un trait, souligner

Tirer un trait avec ou sans règle, écrire son prénom et le souligner, est un geste graphique servant de test s'ajoutant aux autres. Ici, on cherche à mettre en évidence la tendance à penser de la droite vers la gauche propre au gaucher.

Dès que l'enfant sait écrire ou est en âge de tirer un trait, on peut essayer de repérer la latéralité par ce geste s'il est accompli le plus spontanément possible.

✓ L'écriture dite en « miroir »

L'écriture en « miroir » n'est pas un test mais un signe. C'est d'autant plus un signe de latéralité dominante gauche qu'elle se déroule de la droite vers la gauche, sens naturel au gaucher. Certains auteurs pensent que le jeune enfant n'ayant pas encore clairement acquis le sens droite/gauche peut présenter ce penchant sans être vraiment gaucher. Mais en pratique, il faut bien convenir que l'écriture en miroir caractérise bien plus souvent un gaucher qu'un droitier.

Il est rare que ces observations ne permettent pas aux parents, désormais avertis, et aux enseignants de maternelle d'avoir une idée correcte de la latéralité de l'enfant. Sachant que cette latéralité se met en place jusqu'à l'âge de 3 à 5 ans, on ne tiendra pas compte de tous les essais que l'enfant fera alternativement avec ses deux mains ou ses deux pieds. C'est la fidélité grandissante à un côté qui est significative.

La méthode indirecte

La méthode indirecte consiste à présumer de la main dominante à partir d'observations qui semblent ne pas la concerner.

Il est en effet utile de savoir interpréter certains signes quand ils nous mettent sur la piste d'une latéralité inconnue. On peut grâce à leur persistance, non seulement repérer une latéralité naissante, mais encore repérer une éventuelle contrariété.

Nous retiendrons ici la spirale d'implantation capillaire et l'œil directeur.

La spirale d'implantation capillaire

Voici un signe d'observation immédiate et aisée : l'observation de la spirale capillaire que nous avons présentée dans la première partie.

Neuf fois sur dix, la spirale d'implantation capillaire indique l'œil directeur. Lequel à son tour met sur la piste de la main dominante. L'incidence, non génétique, de la position fœtale sur l'orientation de la latéralité chez les jumeaux, ainsi que l'existence de troubles visuels, justifient quelques cas de non-concordance possible entre l'œil directeur et le sens giratoire de la spirale d'implantation capillaire.

Trois fois sur quatre, main et œil directeurs sont du même côté. Donc, en observant cette spirale capillaire, on pourra avoir une bonne présomption de la latéralité de l'intéressé.

Quel profit peut-on en tirer pour proposer une vigilance à visée préventive ? Bien sûr, cette observation sera moins évidente sur des cheveux longs.

La constatation d'une absence de concordance entre la latéralité manuelle et celle de l'œil doit donner l'éveil. On en tiendra d'autant plus compte que l'enfant présentera par ailleurs des difficultés ou des troubles.

Il faudra déterminer s'il s'agit d'une latéralité croisée ou d'une latéralité contrariée. Une pathologie oculaire peut parfois être en cause.

La détection de l'œil directeur

Une fois sur quatre, l'œil directeur n'est pas du même côté que la main « qui écrit ». Il faut donc tester l'œil pour avoir un repérage fiable dans tous les cas.

La détection de l'œil directeur est facilement réalisable et à la portée de tous. Il existe de nombreuses façons de procéder, toutes ne sont pas faciles à obtenir d'un enfant.

Le plus simple, qui n'exige aucun accessoire, est, les yeux ouverts, de viser un point situé à quelques mètres de distance à travers ses deux doigts, le pouce et l'index joints et arrondis en cercle en guise de lunette de visée. La main ainsi configurée en lunette est placée donc devant le visage à environ 25 ou 30 cm des yeux.

Repérage de l'œil directeur

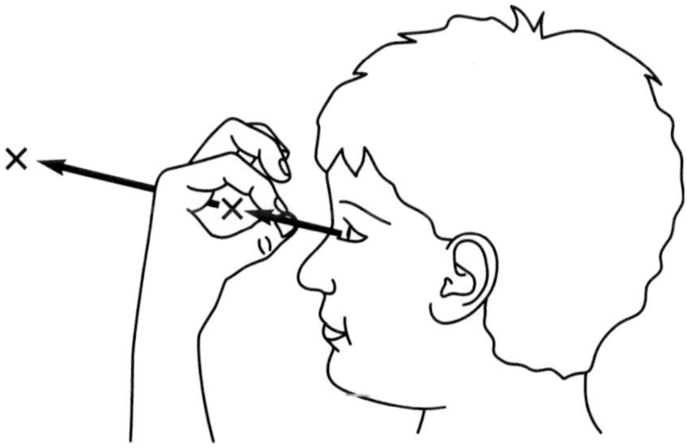

1) On vise avec les deux yeux ouverts.
2) On ferme un œil, sans bouger ni la main ni la tête.
- Si la cible ne s'est pas décalée, l'œil directeur est celui qui est resté ouvert.
- Si la cible s'est décalée hors du cercle, l'œil directeur est celui resté fermé.

Jusque-là, on ne sait pas si le sujet testé regarde avec son œil droit ou son œil gauche. On lui demande de fermer un œil. Si le point visé reste inscrit dans le cercle formé par les doigts, c'est que l'œil directeur est celui resté ouvert. Si l'œil fermé est le directeur, l'objet visé semblera instantanément éjecté hors du cercle. On confirme l'observation en demandant de recommencer en fermant l'autre œil.

Ce simple test suppose une maturité locomotrice suffisante dont ne dispose pas encore le jeune enfant. En outre, le sujet peut être tenté de déplacer sa main quand il ne voit plus l'objet visé afin de le recaler dans ses doigts. À partir de l'âge de 7 ans environ, l'enfant participe efficacement. Ce test est donc utile à connaître car, à cet âge et même plus tard, les problèmes d'identification de sa latéralité peuvent n'être pas encore résolus.

Un autre test consiste à utiliser une feuille de papier présentant en son centre un orifice de quelques centimètres de diamètre. On demande à l'enfant de prendre la feuille et de regarder par le trou en approchant la feuille de son visage jusqu'à la toucher avec l'œil. Il mettra l'orifice sur son œil directeur. Mais certains enfants faussent involontairement le résultat en tournant la tête légèrement. Ainsi, ils regardent obliquement avec l'œil qui n'est pas derrière l'orifice. Ici encore, il faut être très attentif.

10. Prévention des mauvaises attitudes

La prévention des mauvaises attitudes corporelles est déjà prise en compte au niveau du primaire. La compréhension des gauchers et des latéralités permet de compléter les dispositions déjà en place.

L'élève présente essentiellement deux mauvaises attitudes :
– une colonne vertébrale qui s'infléchit ;
– une flexion du poignet qui aboutira à la main « tordue ».

Ces deux déformations s'intriquent et peuvent provenir d'un même mécanisme. Essayons de détailler ce phénomène afin d'être à même de proposer une solution.

Œil directeur et tête penchée

Pendant qu'il lit ou qu'il écrit, un enfant penche parfois sa tête. Ce faisant, il infléchit sa colonne vertébrale avec tous les risques de déformation à long terme. L'importance de l'œil directeur aide à comprendre pourquoi.

Perspectives différentes pour une même position de la main

Les croquis relatifs à la perspective représentent, pour chaque latéralité, **une même position de la main** tenant un crayon. La perspective change selon l'œil directeur.

On constate que dans un cas, la pointe du crayon est visible ainsi que les mots que l'on écrit, alors que dans l'autre on ne voit plus ni la pointe du crayon ni les mots que l'on écrit.

Or, l'angle de visée est déterminé par l'œil directeur. C'est lui qui « décide » de la position de la feuille par rapport au regard à la recherche du meilleur angle de vision. On comprend pourquoi l'élève est autorisé à déterminer lui-même la position du cahier qui lui convient le mieux. Certains élèves pencheront la feuille d'un côté et la décaleront souvent vers l'autre tandis que d'autres feront le contraire. Ces personnalisations sont préférables aux contorsions vertébrales. Elles seront non seulement permises mais encouragées dès lors que la colonne vertébrale ne présentera ni scoliose, ni cyphose, ni torsion.

Des exagérations de techniques d'écriture personnelles et « étranges » doivent cependant être prévenues. Elles concernent les enfants abandonnés à eux-mêmes ; nous en retrouverons quelques exemples au prochain chapitre.

– Les quatre schémas qui suivent décrivent le mécanisme : œil-main, recherche du meilleur angle de vue, d'où scoliose et main tordue possibles.

– Les photographies illustrent la correction des scolioses dorsale et cervicale obtenue par le déplacement du cahier.

Perspective de la main et de la ligne vues par un droitier à œil directeur gauche

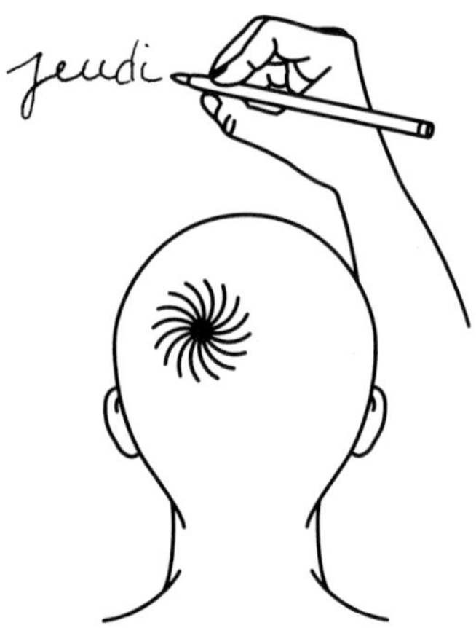

Angle de vision ouvert
Tête et dos bien dans l'axe

Perspective de la main et de la ligne vues par un droitier à œil directeur droit

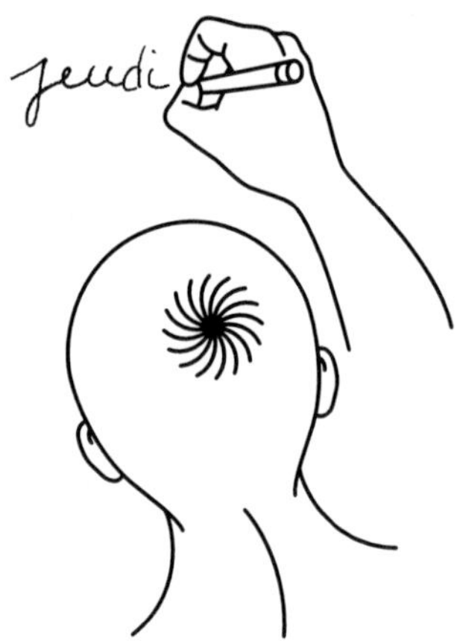

La tête se penche pour ouvrir l'angle.
Scoliose.
Décaler le cahier vers la droite et l'incliner vers la gauche est préférable.

Perspective de la main et de la ligne vues par un gaucher à œil directeur droit

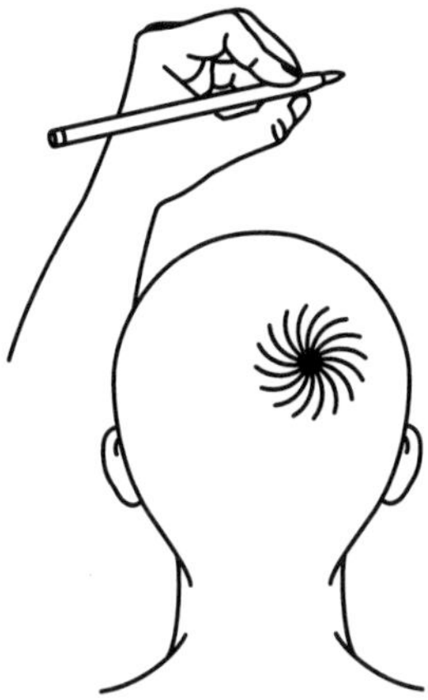

Le décalage du cahier vers la gauche et son inclinaison à droite est légitime.

Perspective de la main et de la ligne vues par un gaucher à œil directeur gauche

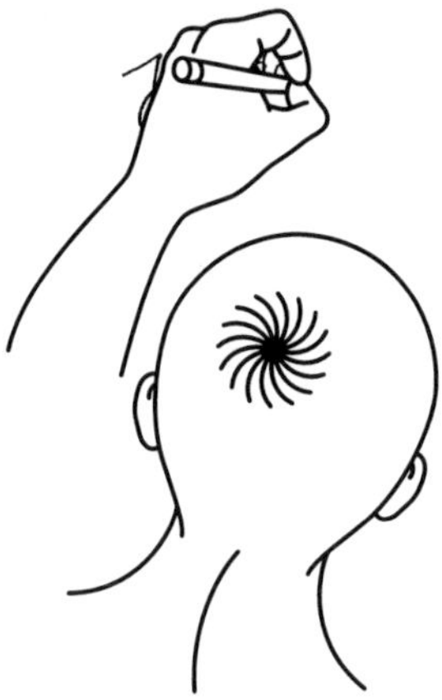

Attitude scoliotique

Il est préférable de décaler le cahier vers la gauche et de l'incliner vers la droite.

Mauvaise attitude

Correction dorsale par déplacement du cahier

Meilleure visibilité
(œil gauche directeur)

Œil directeur et flexion du poignet

Si le gaucher place sa main au-dessus de la ligne, c'est avant tout afin que celle-ci ne lui masque pas ce qu'il est en train d'écrire. C'est pourquoi il le fait même lorsqu'il écrit avec un crayon qui exclut le risque de taches.

Si l'élève écrit CHA oubliant le T final, c'est parce qu'il n'a pas pu constater son oubli.

À cette raison propre à l'élève gaucher s'ajoute le mécanisme précédemment décrit concernant la perspective variable selon l'œil directeur.

Au total, il placera sa main au-dessus de la ligne et à côté du cahier quand il est en début de ligne. Une fois encore, il est préférable de décaler le cahier vers la gauche et de le pencher vers la droite en veillant à ce que l'avant-bras soit parallèle à l'axe de la feuille et plutôt sur celle-ci.

Élève gaucher → cahier décalé vers la gauche et penché vers la droite.

Un petit déplacement du cahier suffit

C'est possible et assez facilement réalisable pour les situations ci-dessus. Le phénomène concernant aussi les droitiers, c'est là une motivation supplémentaire pour être vigilant pour tous : **bien assis, dos droit, cahier à la bonne place, main sous la ligne.**

La complexité des mécanismes et des raisons qui font prendre une mauvaise attitude peut produire des cas autres que ceux ici décrits.

Nous en dégageons une règle simplifiée et logique : on fait déplacer le cahier du côté qui permet d'obtenir la correction vertébrale. Dans la plupart des cas, ce sera celui opposé à celui vers lequel la tête penche. L'effet sur la flexion du poignet n'est pas aussi net que celui visible sur la colonne vertébrale.

Un simple déplacement de quelques centimètres du cahier apporte une correction immédiate dans la majorité des situations. Il en est souvent de même pour les adultes. Parfois, ils se déclarent très gênés par ces quelques centimètres seulement de déplacement latéral de la feuille où ils écrivent. En effet, tout se passe ainsi car l'épaule est pratiquement verrouillée pendant le geste d'écriture. C'est la torsion vertébrale qui opère le réajustement. Le bras seul est trop crispé, ou occupé à écrire, pour pouvoir assumer la recherche des repères auxquels il était accoutumé.

L'éloignement du cahier par rapport au corps peut corriger une hyperflexion en cyphose et participer au redressement du dos et de la tête.

✓ Les droitiers aussi tordent la main et le dos

Si les mécanismes ci-dessus décrits se confirment, nous aurons compris pourquoi le phénomène incorrect de la main tordue affecte parfois les droitiers.

Main tordue et scoliose peuvent être la conséquence d'une même difficulté de vision (sans trouble visuel particulier), mais en outre, plus la main se tordra et plus elle ajoutera à la scoliose (une épaule plus basse que l'autre) une torsion avec une épaule plus avancée.

Même un débutant âgé de 6 ans, auquel on demande d'écrire différemment placé et sans tordre sa main, a parfois besoin d'encouragements pour s'adapter à de nouveaux repères et persévérer sur le bon chemin. D'où la nécessité d'intervenir le plus tôt possible.

Les bonnes attitudes se prennent aussi vite et sont aussi durables que les mauvaises.

Prévention de la confusion droite/gauche

Parmi les bonnes habitudes à prendre d'emblée sous peine de confusion, se trouve l'art de distinguer instantanément la gauche et la droite (*cf.* également p. 47).

Pour l'élève droitier, aussi bien que pour l'élève gaucher, on peut espérer prévenir cette difficulté précise du repérage spatial en tenant compte de l'importance de la mise en jeu du sens kinesthésique dans les apprentissages de base chez le jeune enfant :
– n'enseigner qu'un seul côté, le gauche chez le gaucher, le droit chez le droitier. Chacun sentant et « vivant » bien mieux son côté de prédilection, il serait dommage d'aller à l'encontre de cette préférence kinesthésique latéralisée elle aussi ;
– utiliser le mouvement ou le toucher du côté enseigner (par exemple le bras) ;
– l'autre côté s'intègrera spontanément avec plus ou moins de temps.

Même chez l'adulte (parfois, mais pas toujours, un ambidextre souvent gaucher contrarié), on peut réussir ainsi des rééducations. On lui demande de désigner à voix haute son côté gauche en associant le geste à la parole, comme par exemple serrer fort le poing. Il est bon d'y avoir un repère, montre ou bracelet. À répéter souvent dans la journée, le réflexe se crée rapidement. Remarquons qu'une fois encore, le souci d'efficacité pédagogique passe par un repérage correct de la latéralité dominante.

11. Pédagogie de l'élève gaucher

« [...] *étant moi-même une future enseignante de maternelle (et gauchère !)* [...] *ce sujet me tient énormément à cœur... N'existe-t-il pas des dispositions légales en France pour une meilleure considération des gauchers dans les classes ?* » Diane, juillet 2006.

En France, à l'exception d'un court passage des programmes de l'école primaire publié au *Bulletin officiel de l'Éducation nationale*, il n'existe encore rien qui prenne officiellement en considération les problèmes que l'élève gaucher va rencontrer.

« [...] C'est en étant attentif à ses comportements dans différentes activités qu'on peut vérifier si un enfant va devenir droitier ou gaucher et qu'on peut donc l'aider à structurer cette composante importante de sa motricité. Il convient de lui offrir de réelles alternatives et de lui faire prendre conscience des résultats qu'il obtient en fonction du geste et de la main qu'il mobilise. Qu'il soit droitier ou gaucher il doit apprendre à tenir ses instruments sans crisper la main (en utilisant la pince du pouce et de l'index et le support du majeur), à disposer la surface qu'il utilise dans le prolongement de l'avant-bras (correctement placé) tout en adoptant une posture adéquate. [...] »

Extrait du *B.O.* hors série n° 1 du 14 février 2002

S'agissant des seuls gauchers, c'est peu. C'est beaucoup, si l'on en juge par le nombre d'enseignants qui n'appliquent pas ces bases essentielles, « *...il convient de lui offrir de réelles alternatives...* »

Ayant compris les défis particuliers que doit relever l'élève gaucher et les efforts d'adaptation qui lui sont imposés, l'enseignant sera à même de l'aider en lui épargnant certaines difficultés et en l'aidant à en résoudre d'autres. L'attitude générale de l'enseignant est prioritaire. Il fera bénéficier ses élèves gauchers de la pédagogie adéquate, qui pour être simple n'en est pas moins très efficace. Quand c'est nécessaire, il oriente vers le rééducateur compétent (orthophoniste, graphothérapeute, psychologue, psychomotricien).

Une pédagogie adéquate en 14 points

1. S'enquérir en début d'année auprès des parents de la latéralité des élèves

Le rôle des parents est d'avoir établi la latéralité de leur enfant avant l'âge scolaire et de la signaler à l'enseignant. S'ils ne pensent pas à le faire, on peut le leur demander en expliquant l'intérêt pédagogique, ce qui favorise la relation avec eux.

2. Mieux comprendre pour mieux aider

Avant d'exposer des principes simples mais techniques, rappelons que attention, gentillesse et encouragements sont l'essentiel.

Même si le temps d'adaptation aux défis ici signalés est souvent court, un enfant, vulnérable en phase d'apprentissage, peut se croire malhabile. Son hésitation, sa réflexion peuvent être prises pour de la lenteur, de la paresse ou pire de la mauvaise volonté, ce qui pourrait lui valoir des remarques souvent injustes et préjudiciables à sa scolarité, et même plus car il est facile d'entraîner certains élèves dans la spirale de l'échec.

Patience devant les hésitations, les taches... Encouragements face aux efforts que font les gauchers pour s'adapter à l'univers droitier et vaincre leurs difficultés spécifiques.

3. Respecter la grammaire mentale du gaucher

« *Dans l'acquisition des connaissances [...] que signifie une pédagogie compatible avec le fonctionnement cérébral ? Elle vise essentiellement à :*

– Éviter de commettre des fautes contre le cerveau [...]
– Déchiffrer la grammaire cérébrale de l'apprenant et de l'enseignant : comprendre le fonctionnement des mécanismes cérébraux.
– Aider l'apprenant à connaître et gérer ses ressources, les diagnostiquer et les développer.
– Construire des interventions pédagogiques basées sur l'acte d'apprentissage : partir de la réalité de l'apprenant[12]. »

L'enseignant pénétré du poids de chacune de ces quatre propositions et qui n'en néglige aucune obtient de ses élèves les meilleurs résultats.

Aider le gaucher à connaître ses ressources et à s'accepter comme gaucher opère souvent un changement radical et positif dans son comportement.

12. *J'apprends, donc je suis*, Hélène Trocmé-Fabre, Éditions d'Organisation, 1994, p.128.

Partir de la réalité de l'apprenant suppose que l'on connaît cette réalité. Il a fallu partir à la découverte des gauchers et notamment de leur grammaire mentale personnelle.

4. Ne pas contrarier

– Ne plus orienter à main droite une latéralité gauche naissante (l'inverse non plus).

– Être attentif aux élèves qui s'autocontrarient.

– Ne pas abandonner le gaucher à ses techniques personnelles. On peut peut-être lui proposer mieux.

✓ Écritures non contrariées

Analysons le problème du seul point de vue de l'écriture.

Si l'on impose la main droite à un gaucher, l'apprentissage de l'écriture sera pénalisé. Son écriture sera dans presque tous les cas laborieuse et disgracieuse.

Si on laisse faire l'enfant gaucher, il écrira de la main gauche. Mais alors un autre écueil le guette, c'est l'adoption de techniques d'écriture pour le moins particulières, avec par exemple des feuilles trop penchées, surtout du côté gauche.

Il convient de réfléchir sur ce phénomène qui est sans doute l'étape technique intermédiaire entre l'époque où l'on contrariait systématiquement les gauchers et celle où on les aidera. En attendant ces améliorations pédagogiques, ils se débrouillent seuls avec, fait remarquable, des conséquences moins graves sur la qualité de l'écriture que le changement de main.

« *Je suis gauchère* [...] *j'écris (et j'écris bien) de la main gauche. J'écris cependant de façon particulière : ma main n'est pas du tout tordue, mais ma feuille l'est, penchée sur la droite, à l'horizontale, et j'écris par "le haut".* » Caroline, septembre 2006.

Nous avons signalé des cas d'écriture verticale se déroulant soit de bas en haut et donc de la gauche vers la droite (comme le fait Laureline, citée plus haut), soit de haut en bas et de la droite vers la gauche (comme le fait Caroline).

Le cas le plus rare, et l'un des plus surprenants, est celui de cette personne qui penche tellement sa feuille vers la gauche, écrivant de bas en haut très obliquement que pour la lire pendant qu'elle écrit, il faut se placer, non pas derrière elle, ni à sa droite, mais en face d'elle. Ce faisant, elle écrit de la droite vers la gauche, très obliquement, mais pas en miroir. Pour que la main ne balaye pas et ne tache pas ce qui vient d'être écrit, elle écrit la première ligne en haut de la feuille qui devient le bas en position de lecture car il faut inverser la feuille. Dans ce cas, les lignes se lisent de bas en haut.

Pour ceux qui écrivent la première ligne en bas de la feuille (qui est le haut pour eux, du moins au moment de se lire), on aura une lecture « normalisée », première ligne en haut, mais il persiste le risque de cacher son texte en l'écrivant et de le tacher si l'on n'a pas renoncé au stylo plume. Ces gauchers ont résolu un problème à leur façon mais certains n'osent pas écrire devant témoin et s'en déclarent gênés dans leur vie sociale. Cette gêne témoigne de plus larges inhibitions.

Ces « techniques » personnalisées et leurs fâcheuses conséquences illustrent l'insuffisance de l'attitude qui consiste à se contenter « de ne plus contrarier les gauchers ». Le même mauvais résultat de ce «maintenant on les laisse faire» se retrouve dans d'autres activités scolaires (par exemple, se complexer sur un outillage inadéquat) ou dans l'épanouissement personnel d'un enfant qui vit mal sa différence. La lui faire accepter est parfois nécessaire.

La sensibilisation des enseignants du primaire et leur attention désamorceront ces pièges dès le début. L'élève gaucher s'adaptera vite et bien pour peu qu'on lui en laisse le temps et qu'on lui « montre » comment tenir le crayon, pencher la feuille, appuyer la main.

Il suffit d'être bien décidé à ne pas brusquer un enfant par une technique qui ne convient pas à ses spécificités mentales et gestuelles. Si l'enfant écrit correctement, c'est l'essentiel. Peu importe s'il préfère pencher sa feuille du côté opposé à celui préconisé à la plupart des gauchers. Après lui avoir proposé la technique usuelle et observé le résultat, on restera souple sur son application.

5. Placer correctement l'élève gaucher

« *Bonjour, quelle est la position idéale dans la classe ? J'avais demandé à la maîtresse de mettre mon fils à gauche du tableau pour qu'il puisse bien voir ce qui se fait, pendant deux mois. Elle vient de le remettre à l'extrémité opposée en lui disant qu'il faut qu'il s'habitue (il est au CP).* » Nathalie P., novembre 2006.

Il s'agit de prévenir les troubles de la statique vertébrale auxquels seul le gaucher est exposé du fait qu'il doit écrire avec un geste de fermeture, de repliement du bras sur le corps, tandis que le droitier écrit avec un geste d'ouverture du bras[13].

13. *Cf* les shémas explicatifs dans la deuxième partie.

Toutefois on peut comprendre l'hésitation des enseignants qui craignent sans doute un mauvais pli mental en ignorant le risque vertébral. Une formation complète devrait, il est vrai, habituer les enfants à gérer des situations multiples. Dans ce cas, selon l'appréciation de l'enseignant, et l'agencement de la classe, on peut admettre de courtes périodes controlatérales, uniquement pour habituer l'approche mentale de la classe par l'élève. En ce qui concerne la posture vertébrale de l'enfant, ces courtes périodes ne seront pas nuisibles si elles sont très courtes, par exemple un dixième du temps total.

En classe, la place du gaucher est :
- **dans la rangée de gauche** : afin qu'il tourne sa tête vers sa droite quand il regarde le tableau ou son professeur, ce qui compense la torsion vertébrale.
- **à la place gauche** d'une table prévue pour deux élèves : les coudes ne se gênent plus.

6. Contrôler le maintien du dos

L'observation de l'attitude du dos de l'élève travaillant à son bureau est un élément primordial à vérifier.

Nous avons signalé tous les désagréments présents et futurs résultant d'une mauvaise position de départ : main tordue qui engendre cyphose, scoliose et torsion vertébrale.

Si l'élève est bien assis et la position du dos correcte, plutôt redressée et sans torsion, on acceptera des feuilles très penchées et des cahiers décalés.

Il ne suffira pas de l'accepter, il faudra le proposer conformément à ce qui a été expliqué plus haut, en cas de mauvaises attitudes de la main, du dos ou de la tête.

7. Présenter les modèles d'écriture

Les modèles d'écriture peuvent être présentés au-dessus de la ligne, ce qui évite de les représenter à gauche et à droite.

Les modèles de figures géométriques doivent aussi faire appel aux présentations symétriques.

Par exemple :
– un segment de droite allant aussi dans le sens droite-gauche ;
– un triangle rectangle avec son angle droit à droite.

8. Contrôler la prise du crayon

Droitiers et gauchers sont concernés par une prise correcte du crayon ou du stylo. Le nombre d'enfants qui tiennent leur crayon ou stylo d'une façon pour le moins douteuse est très important. Or, de cette prise de l'outil dépend la position de la main, le confort du geste et la qualité de l'écriture.

– La meilleure prise se fait entre le pouce et l'index.

– Le majeur ne vient que pour soutenir la prise.

Le *Bulletin officiel* cité ci-dessus[14] nous le précisait déjà fort judicieusement.

Ajoutons que la distance de cette prise par rapport à la pointe qui écrit est importante à considérer : trop près, elle masque l'écriture et incite à la flexion du poignet ainsi qu'à la crispation. Trop loin, elle évite la torsion, dégage bien les doigts mais peut gêner un débutant pour lequel tout est bien plus difficile que pour un chevronné.

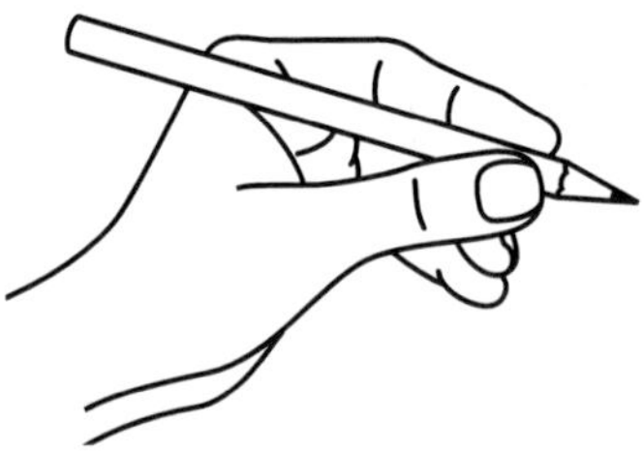

Prise correcte, entre pulpes de l'index et du pouce, à 3 cm de l'extrémité du crayon, appuyé sur le majeur.

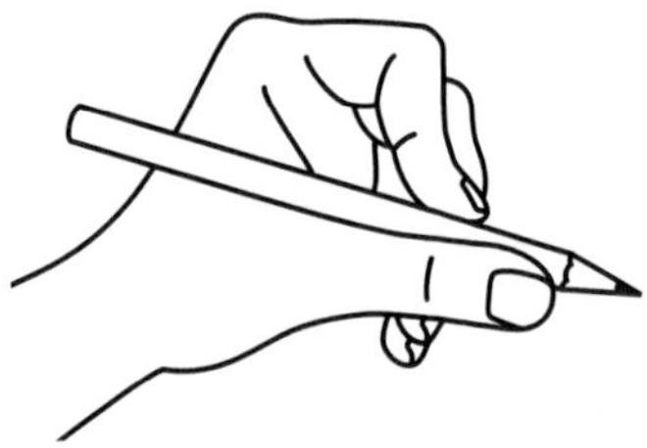

Prise douteuse, l'index trop reculé bloque le pouce. L'appui du majeur est moins assuré.

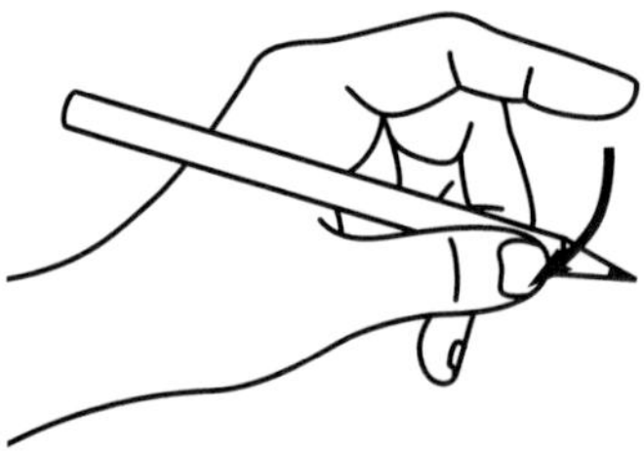

Prise incorrecte, entre pouce et majeur, l'index venant souvent verrouiller le pouce sur son ongle. Rigidité de l'ensemble.

Prise entre majeur et index, **douteuse** pour un droitier, rigidité du crayon. **Incorrecte** chez le gaucher, la plume redressée se "plante" d'avantage dans le papier.

14. *B.O.E.N. hors série n° 1 du 14 février 2002.*

Œil directeur gauche, tête penchée à droite, (cahier non décalé à gauche) ; scoliose. Très mauvaise prise de crayon.

Ces prises incorrectes du stylo sont un facteur de crispation et de fatigue qui retentit à la longue sur la qualité de l'écriture. Mais, chez ces jeunes élèves âgés de 5 à 10 ans, la crispation de la main est courante, autant pour les droitiers que pour les gauchers. C'est pourquoi on tiendra compte de la position du dos et de la qualité de l'écriture.

Pour bien se rendre compte des avantages et des inconvénients d'une technique, on peut tout simplement les essayer et s'observer en plus d'observer ce qui se passe chez les autres.

Le recours au **guide doigts** permet de passer ce cap de début, nous en discuterons les avantages dans les lignes consacrées à l'outillage.

Les photos, page suivante, nous montrent quelques exemples de gauchers écrivant parfaitement malgré parfois une légère crispation des doigts.

9. Contrôler la position du cahier

Dans le chapitre précédent, nous avons traité un problème de cahier et de mauvaise attitude main/dos qui concernait les deux latéralités. Qu'en est-il pour le gaucher en particulier ?

Le cahier sera penché vers la droite afin que la main qui écrit ne balaye pas et ne cache pas la ligne en cours. Ainsi, le cahier est bien dans le prolongement de l'avant-bras qui écrit, conformément à l'indication du *Bulletin officiel*[15]. Précisons toutefois que ce prolongement s'observe en début de ligne, l'angle se fermant légèrement en fin de ligne. Cette position de départ est très utile pour prévenir l'hyperflexion du poignet.

Le cahier ne sera donc pas placé à côté de la main ou de l'avant-bras puisque cette habitude annonce la mauvaise flexion du poignet cherchant à positionner la main au-dessus de la ligne. Nous avons vu que ce mauvais pli prendrait de l'ampleur avec les années.

15. *B.O.E.N. hors série n° 1 du 14 février 2002.*

La prise entre pouce et majeur est inconfortable et crispante. L'avant-bras s'est placé à côté de la feuille. Un début de flexion du poignet s'amorce et "verticalise" le stylo. L'écriture elle-même est satisfaisante.

Cahier décalé vers la gauche : correct. Crayon verticalisé, (crispation) mais poignet et avant-bras bien posés dans le prolongement de la feuille.

La feuille dans le prolongement de l'avant-bras, pas de torsion du poignet. Très bonne écriture.

✓ Ne pas permettre des inclinaisons de cahier trop accentuées

Ne pas contrarier, c'est bien, mais si on laisse s'installer un mauvais pli, tel la feuille inclinée à 90°, on aboutira à une impossibilité d'écrire au tableau. Car le tableau ne pourra pas être incliné au bon vouloir de chacun. L'avènement du tableau électronique pour chaque classe résoudra cet écueil, mais les autres subsisteront.

« Le tableau était pour moi une vraie calamité, je ne savais jamais comment tenir la craie et encore moins comment écrire, étant donné que je tiens ma feuille à 90° sur une table, je ne pouvais pas tourner ce monstrueux tableau noir ! Il en ressortait une écriture illisible et qui n'étais jamais droite. » Nana, novembre 2006.

10. Contrôler la position de maintien de la main

– La main libre, presque aérienne, ou appui léger sur le poignet (carpe), appui sur l'avant-bras quand c'est possible.

– Les doigts ni le tranchant de la main (métacarpe) ne servent d'appui principal, à la rigueur un simple effleurage.

11. Être attentif et corriger les errements de sens d'écriture

Le sens correct, parce que le plus confortable pour l'écriture du mot entier, est celui qui va dans le sens de la ligne elle-même. Après tout, notre écriture est dite « cursive » parce qu'elle doit « se faire rapidement d'une seule traite[16] ». Le fait de faire deux pas en avant et un en arrière n'est pas la meilleure façon d'aller vite et bien.

Un sens correct de la notion droite/gauche évite les errements de l'écriture dite en « miroir » et les lectures en sens inverse.

Que l'élève soit droitier ou gaucher, que sa difficulté à repérer la gauche de la droite soit due à un retard de maturité ou à un détournement d'attention par son effort d'adaptation à l'univers droitier, l'enseignant devra se montrer patient et confiant dans ses démonstrations. En effet, les rééducations spécialisées, par exemple graphothérapiques, ne concernent que les cas chroniques. La plupart des enfants mis en confiance comprennent bien, même si c'est à des rythmes différents.

Même l'élève droitier n'est pas assuré d'éviter tous les pièges présentés par la variabilité de l'écriture selon les lettres et les chiffres considérés. Des lettres qui exigent, pour être correctement formées, d'être tracées dans un sens, alors que c'est le contraire pour d'autres, représentent une pierre d'achoppement pour tous les débutants.

Il faudra donc être particulièrement attentif pour ces lettres-là qui requièrent plus d'effort à l'élève gaucher pour en maîtriser le sens correct.

✓ Un exemple de phrase test

Il faut observer très tôt la tendance à inverser le sens cursif des lettres au sein d'un mot pourtant tracé dans le sens correct.

L'idéal est de demander tout l'alphabet en observant comment l'enfant s'y prend pour chaque lettre. Cependant, la phrase suivante permet de tester le sens graphique de l'élève, elle contient les pièges les plus courants.

« *nos 35 mamans ont de belles pierres.* »

16. Le Petit Larousse.

Le gaucher devrait, *a priori*, intégrer plus parfaitement que le droitier le tracé correct des lettres dont les boucles s'écrivent dans le sens inverse à celui des aiguilles d'une montre, tels les *b*, les *l*, et les *e* par exemple.

En revanche, il demandera plus d'attention pour les exercices comportant des lettres demandant un tracé dextrogyre, telles les *m* et les *n*. Pour ces lettres, le gaucher sera plus que le droitier enclin à tracer chaque jambe à contresens.

Un « m » écrit à contresens.
Le stylo est levé entre chaque jambage.
Écriture saccadée.

Et le 3 peut devenir un Ɛ et le 5 inversé, (ꙅ), pourra être confondu avec un 2 ou un S.

Pascal, 10 ans, ne maîtrise le sens des « o » qu'après quelques séances de graphothérapie.

Exemples de lettres malformées car tracées à contresens
Pascal, 10 ans, trace les "o" et les boucles de "d" dans le sens des aiguilles d'une montre.

Le même, après quatre séances de graphothérapie
Les « o » sont correctement « tournés ».

Toutes ces mauvaises habitudes, posturales ou graphiques, doivent être corrigées tant que l'enfant est « malléable ». Avec le temps, ce sera plus difficile. Cependant, de très bonnes corrections graphiques sont obtenues à tout âge. Les adultes qui souffrent pour écrire et qui parfois déclarent leur gêne d'écrire devant témoin, tireront aussi grand profit d'une rééducation graphothérapique.

✓ La « dysgraphie »

Aussi bien droitiers que gauchers peuvent souffrir d'une difficulté chronique à apprendre à écrire. Ces cas très récalcitrants peuvent dérouter les enseignants mal avertis. Les enfants ne font pas exprès de mal écrire. Devant des cas importants et tenaces, il faut penser à la possibilité d'une « dysgraphie » qui serait du ressort du graphothérapeute. L'attention est attirée sur ce cas précis de la dysgraphie qui n'affecte pas plus le gaucher que le droitier afin de faire accepter les difficultés de chacun sans incriminer une quelconque mauvaise volonté.

Écriture dysgraphique chez un élève de 6e âgé de 12 ans

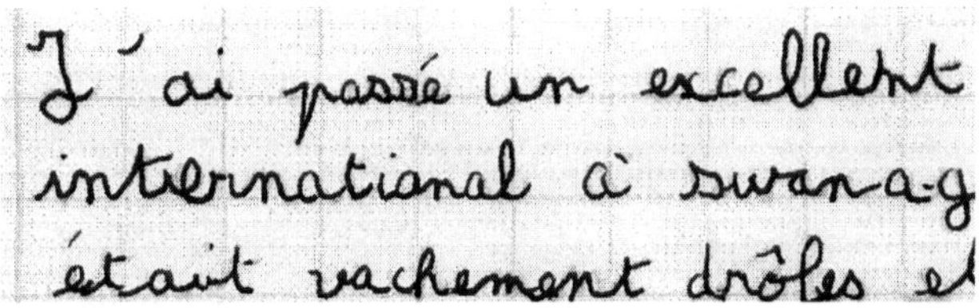

« Soudures » et « reprises » se multiplient avec la fatigue en 2e ligne (entre le « t » et le « e ») et surtout en 3e ligne (de « é » à « t » ; de « t » à « a » ; de « m » à « e » ; de « d » à « r » ; puis de « l » à « e »).

Sur notre exemple, un élève âgé de 12 ans produit une écriture dysgraphique, c'est-à-dire de piètre qualité malgré l'absence de déficience intellectuelle ou neurologique. On y remarque des interruptions dans le tracé et des « reprises » ou « soudures » telles qu'on peut les admettre jusqu'à l'âge de 10 ans. Telle est la notion d'âge graphique.

L'âge graphique de l'enfant (d'après H. Gobineau et J. Ajuriaguerra) sera évalué par le graphothérapeute, mais le décalage entre la qualité de l'écriture et le niveau scolaire était déjà évident.

L'enseignant prend en charge les difficultés normales et pour les autres, il aura donc recours aux spécialistes.

Même si nous n'avons pas détaillé tous les pièges qui attendent l'élève gaucher, tant leur impact varie avec le vécu de l'intéressé, on comprend mieux cependant l'intérêt de recenser les gauchers le plus tôt possible. Outre les difficultés communes avec les droitiers, ils ont les leurs, comme la tendance à inverser le sens de lecture et d'écriture et à imaginer des techniques d'adaptation trop personnelles. On doit y être attentif.

12. Utiliser le sens kinesthésique du gaucher

Le sens kinesthésique spatial et tactile du gaucher le rend très réceptif à une démonstration. Celle-ci complètera donc l'explication orale chaque fois que ce peut.

L'emploi de lettres et de chiffres matérialisés et d'assez grande taille pour être manipulés et perçus dans leur réalité et orientation correcte lui conviendra plus particulièrement.

Cette caractéristique peut également être mise à profit pour lui enseigner à distinguer la droite de la gauche. On peut imaginer des jeux.

13. Préconiser le matériel scolaire adapté

Une mère nous confiait :
« *Je viens comme chaque année d'acheter à mon fils (âgé de 17 ans) des fournitures scolaires. C'est la première fois qu'il s'agit d'un outillage spécial gaucher. C'est bien aussi la première fois qu'il me remercie pour des achats scolaires !* ».

Il doit bien y avoir une raison.

Quand on donne à un enfant gaucher l'occasion de tester un outillage spécialisé, par exemple deux taille-crayons dont un, enfin, à lame inversée, il a vite fait son choix. Après un temps de latence et quelques essais, sa préférence pour le taille-crayon qui fonctionne dans le sens antihoraire est telle qu'il devient difficile de lui proposer un retour au taille-crayon de droitier. Cette préférence se voit également chez les adolescents du secondaire.

Une fois encore, la réaction de l'intéressé et son choix devraient être prépondérants afin de ne pas passer à côté de son vécu de gaucher plongé dans un univers de droitiers. La même recherche d'objets et outils spécialisés motive les adultes. Nous devons enregistrer le phénomène et en comprendre le réel besoin.

Si l'outillage scolaire ne servait qu'à prévenir quelques conflits relationnels et à participer à leur résolution, ce serait déjà une justification.

Voici quelques messages qui en témoignent. La véhémence de certains est sans doute injuste mais c'est précisément ces affrontements qu'il convient de désamorcer en commençant par en démontrer l'existence.

« *J'ai deux fils de 4 ans et demi et de 19 mois, tous les deux gauchers. La sœur de mon mari (gauchère contrariée) a trois garçons, dont deux gauchers. […] Si cette "particularité" ne nous a jamais gênés, elle et moi avons rencontré des problèmes à l'école, notamment lors de la première année de maternelle de mon premier fils. En effet, la maîtresse pensait qu'il était droitier et lorsque nous lui avons montré le bilan réalisé par la psychomotricienne, elle nous a répondu que cela lui ferait plus de travail! Je trouve ce genre de réaction lamentable et je trouvais important de montrer que ce genre de commentaire se dit encore par des "professionnels" de l'enfance.* ». Mme B.

Les enseignants auront moins de travail. Assimilés une fois pour toutes, les quelques idées et principes ici exposés les mettront à l'aise avec les parents car compétents avec les enfants.

« *Mon fils M. de 10 ans est gaucher. Depuis l'école maternelle tous les professeurs qu'il a eu jusqu'à maintenant ont eu toujours le même discours: M. écrit mal, est lent. J'ai demandé à sa dernière enseignante de me donner une solution, car j'en ai vraiment marre d'entendre chaque année la même chose. Elle m'a simplement répondu qu'elle n'était pas magicienne, et que de toute manière c'est de la faute de M. si il écrit mal et est lent...* » Nathalie, août 2005.

Bon ou mauvais, selon des critères sociaux conformistes, un enfant ne fait jamais exprès d'être ce qu'il est. L'élève gaucher doit bénéficier des mêmes principes de respect de sa maturité tels qu'on les enseigne pour tous les élèves. Il est, convenons-en, difficile de trouver l'attitude correcte entre ce respect, qui pourrait devenir un laisser-faire trop laxiste et la nécessité d'aider à franchir un cap au risque de bousculer un peu.

« [...] *Notre fils de 10 ans est gaucher et je me "bats" avec les instits depuis cinq ans qui ne s'intéressent absolument pas au problème de l'éducation d'enfants gauchers. Ils (les gauchers) n'ont qu'à se faire aux méthodes générales quand on ne les oblige pas à écrire de la main droite. Le problème des gauchers n'est même pas évoqué en formation des professeurs des écoles* ». Jacqueline B., août 2005.

Ces récriminations sont un leitmotiv. Elles deviendraient inutiles et déplacées si l'enseignant manifestait son intérêt pour l'élève gaucher et donc sa compétence, en discutant avec les parents du problème de l'outillage. Soit en le préconisant systématiquement, soit en préférant, selon son expérience personnelle, y surseoir le temps d'observer le comportement de l'enfant, ses aptitudes et ses éventuelles difficultés.

D'autre part, l'avantage technique apporté par un bon outillage se doublera d'un avantage psychologique. Or, souvenons-nous que nos processus mentaux fonctionnent de bas en haut, du cerveau reptilien vers le cerveau cortical, en passant par le limbique qui doit être satisfait pour donner son agrément à un comportement social.

En Allemagne, l'outillage spécial pour les élèves gauchers est inscrit dans la liste des fournitures scolaires depuis environ 1982.

Cette information m'est confirmée par l'ambassade d'Allemagne ainsi que par le témoignage de Sabine, allemande d'origine : « *Quand j'étais écolière en Allemagne, je me souviens que les enseignants ajoutaient le matériel pour gaucher à la liste de fournitures demandées aux parents. La plume à encre pour gaucher ne convenait qu'à eux, nous, droitiers on ne pouvait pas écrire avec, ni eux avec les plumes de droitiers.* »

Les plumes spéciales pour gaucher ont aussi l'avantage de faire prendre conscience aux droitiers qui les expérimentent enfin, des difficultés techniques connues des seuls gauchers.

Ces informations soulignent le retard de la France en équipement scolaire approprié aux élèves gauchers.

La liste des fournitures suivantes est désormais disponible en France. Les trois premiers accessoires ont déjà été présentés avec le thème des défis. Tout comme pour le crayon, la prise en main des ciseaux peut donner lieu à des erreurs.

✓ Les ciseaux à lames inversées

Vérifier la prise en main

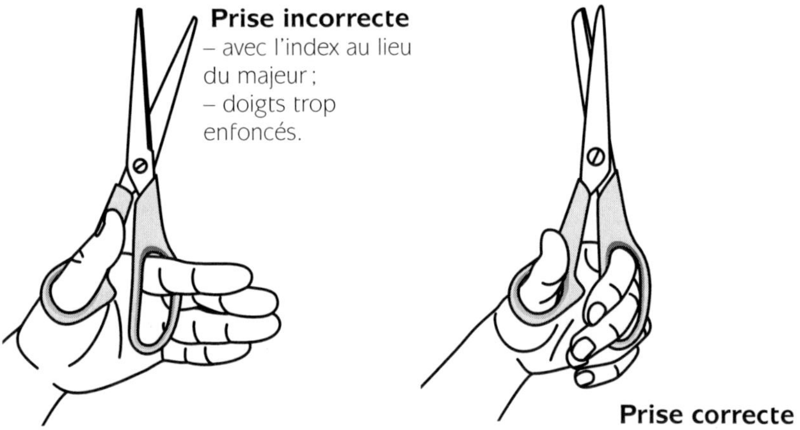

Si l'on n'y prête pas attention, un enfant peut se révéler malhabile avec des ciseaux alors que la cause très souvent observée est une prise en main incorrecte. Un index utilisé sans le secours du majeur et un pouce trop enfoncé dans son œillet sont les défauts de prise les plus souvent observés.

Le pouce bien placé dans l'œillet supérieur doit appuyer plutôt avec sa pulpe qu'avec sa base. C'est le majeur et non l'index qui passe dans l'œillet inférieur pour assurer une bonne prise. Il faut au minimum utiliser le majeur (en crochet) et souvent l'index quand l'œillet est élargi à cet effet. Nous le savons, les adultes le font mais pas l'enfant non averti. Il convient de lui faire une démonstration, surtout lorsqu'il découvre des ciseaux pour main gauche auxquels il doit s'habituer.

✓ Le taille-crayon à lame inversée

Le taille-crayon à lame inversée peut épargner au gaucher une occasion de se complexer avec un outil inadéquat à son sens inné de rotation.

✓ L'équerre et surtout la règle à graduations inversées

Ces deux outils redonnent le goût de la géométrie à des enfants déconcentrés par l'obligation de lire les chiffres de la gauche vers la droite.

✓ Le cahier d'écriture

Le cahier d'écriture présentera des modèles d'écriture des deux côtés de la feuille et surtout au-dessus de la ligne à écrire.

Ces cahiers spéciaux pour élèves gauchers existent pour les différents niveaux (CP, CE, CM).

Il faut choisir les modèles qui indiquent par des flèches le sens de l'écriture de chaque lettre.

Ces cahiers spéciaux aident à corriger la tendance à écrire en « miroir ». Parallèlement, la maîtrise des repérages droite/gauche, haut/bas et une simple indication/démonstration de la part de l'enseignant doivent suffire à résoudre les problèmes d'inversion du sens de l'écriture, en miroir ou non.

✓ Les stylos et crayons

Les outils d'écriture avec un gros embout dans la zone de prise sont agréables et plus fonctionnels pour tout le monde. On peut trouver le modèle à prise ergonomique pour gaucher ainsi que celui à prise ergonomique pour droitier.

Parmi les stylos à encre, l'idéal serait un modèle à encre à séchage instantané. On comprend le problème pour la main qui balaye le texte en cours d'écriture et on peut penser l'avoir résolu par un positionnement de la main sous la ligne d'écriture. Mais pour d'autres activités graphiques, notamment en maternelle, comme dessiner ou suivre un labyrinthe de la pointe d'un feutre, le problème se repose car le tracé s'exprime dans tous les sens. L'encre qui sèche assez rapidement pour résoudre cet inconvénient n'existe pas encore.

Pour le stylo à encre, on peut désormais trouver des plumes qui améliorent le confort de l'écriture à main gauche, et qui conviennent aussi aux droitiers.

✓ Le guide-doigts

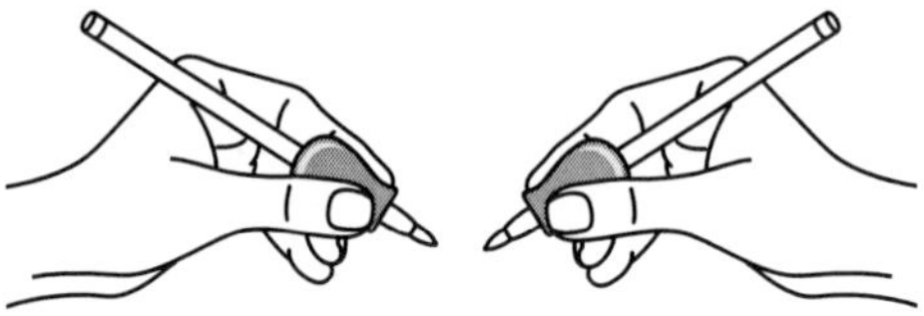

Guide-doigts : un seul modèle, à double empreinte, convenant au droitier, au gaucher, à l'enfant et à l'adulte.

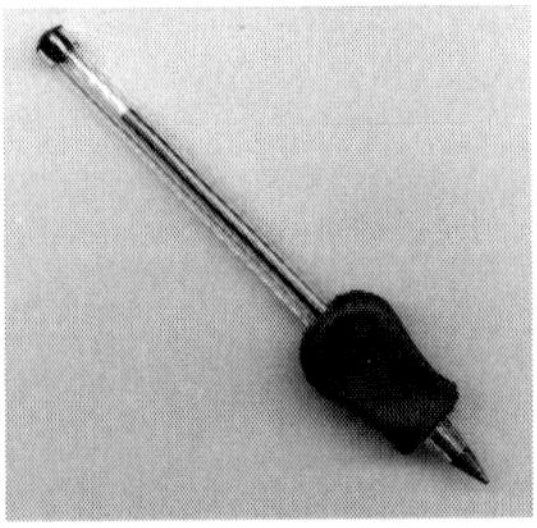

Le guide-doigts standard, placé dans le bon sens, la « pince » positionnée à 3 cm de la pointe du crayon.

Le guide-doigts rend service à tous ceux qui tiennent mal le crayon, se crispent dessus ou tordent le poignet. Donc adultes, enfants, gauchers et droitiers peuvent y avoir recours. Une fois la correction réussie, on l'abandonne. Les béquilles deviennent inutiles lorsqu'elles sont judicieusement employées.

Il faut un modèle standard convenant aussi bien aux enfants qu'aux adultes, aux gauchers qu'aux droitiers. Le modèle doit permettre un positionnement immédiat des doigts. Il se fixe à l'extrémité de l'outil à écrire, crayon ou stylo. Il est destiné à positionner correctement les doigts et par voie de conséquence la main.

Cet accessoire est d'un grand intérêt :
– il aide à libérer le poignet qui se crispait sur un positionnement défectueux des doigts sur le crayon ;
– il aide à prévenir une éventuelle torsion-flexion du poignet au moment d'écrire et il participe efficacement à la correction d'une mauvaise habitude prise à ce niveau ;
– il participe à la libération de l'esprit devenu ainsi plus disponible pour le travail lui-même.

Certains adultes reconnaissent que le guide-doigts les aide à ne plus tordre le poignet pour écrire mais se déclarent gênés. Chacun doit comprendre qu'il faut un temps d'adaptation à leur nouvelle position. Un minimum d'effort de leur part est indispensable s'ils veulent vraiment se corriger et améliorer l'esthétique et la lisibilité de leur écriture.

« [...] *Il n'y a pas deux gauchers identiques. Nous adaptons la méthode à l'âge de l'enfant. Par exemple pour le guide-doigts, les « petits » s'y tiennent et sont rassurés avec, les grands le délaissent assez vite* [...]. » Françoise, professeur des écoles, 2006.

Les deux photographies ci-dessous illustrent l'effet correcteur du guide-doigts sur un enfant de 6 ans et demi qui a plus d'un an de mauvaise habitude. Mais que l'on ne s'attende pas à un résultat sans effort ni vigilance. Sachant ce que l'on attend de lui, l'enfant même motivé, commence par s'appliquer, puis s'oublie en cours de route, malgré le guide-doigts. Même s'il « dérape » moins, il faut l'encourager à persévérer.

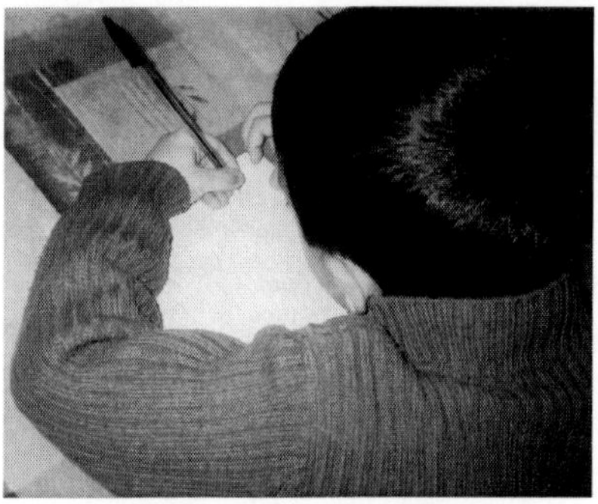

Sans guide-doigts
Avant-bras placé à côté du cahier.
Début de torsion du poignet.
Main au-dessus de la ligne.
Épaule « collée » à la nuque.

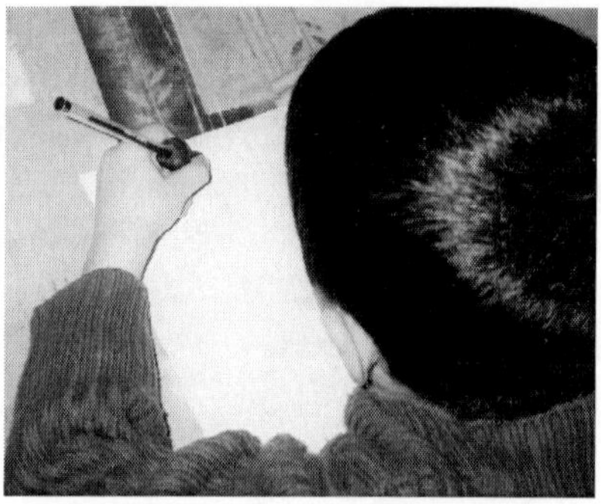

Avec guide-doigts
Correction des mauvaises attitudes.

✓ Faut-il un curseur de ligne pour la lecture ?

Le curseur de ligne n'étant pas officiellement autorisé, nous n'aurions pas à en parler si les gauchers n'étaient pas dans certains cas plus concernés.

En effet, ils sont plus que les droitiers sujets à se tromper dans le sens de la lecture. On compte deux fois plus de gauchers chez les enfants dyslexiques. Si, dans ces cas-là, un curseur de ligne peut être utile, il convient de s'y intéresser un peu plus longuement. Sans doute faut-il donc le considérer comme un appoint de rattrapage pour enfants en difficultés particulières. Quels sont les inconvénients et les avantages de cette technique ?

➤ *L'inconvénient du curseur*

Le curseur de lecture n'est pas autorisé par les directives actuelles. En effet, les méthodes d'apprentissage de la lecture prennent en compte le sens du mot en même temps que son déchiffrage. Certains spécialistes de l'apprentissage de la lecture craignent que l'emploi d'un curseur freine la compréhension des mots ainsi lus. Ainsi, dans une langue aussi riche que la nôtre, en phonèmes et en graphèmes, il faut éviter de multiples pièges inconnus ailleurs. Prenons des exemples :

– homonymes non homophones : le mot « fils » admet plusieurs prononciations selon le contexte (« un père et son fils » et « cousu de fils blancs » ; « les poules du couvent couvent ») ;

– en prononçant toutes les lettres, un « mot » [mo] ne doit pas devenir un « mote » [mot] sous l'effet d'un curseur trop pointu, ni un « gars » [ga]) un « garse » [gars] ;

– certains mots sont très difficiles à découvrir pour le jeune apprenant. Le son « euil », [œj] de « seuil », s'écrira « ueil » dans « écueil » [ekœj], pour éviter de se retrouver face à un « esseuil » [esœj] qui n'existe pas ;

– la remarque vaut pour la lettre G qui change de prononciation selon la lettre qui la suit et qu'il faut bien voir avant de lire la syllabe. Un « geai » peut être gai et un « gage » réunit les deux phonèmes.

Ces difficultés graphiques et phoniques nécessitent la compréhension du sens du mot avant de pouvoir le lire correctement et peuvent faire réfuter un curseur de ligne trop… pointilleux.

➤ *Intérêt d'un curseur de ligne*

L'œil qui lit n'utilise que 2 % du champ visuel. Pour beaucoup d'auteurs, les fins mécanismes du fonctionnement cérébral en cours de lecture plaident en faveur de la méthode des petits pas avec les réserves faites ci-dessus. Lors de difficultés d'apprentissage de la lecture, il est, pour ces auteurs, légitime d'inciter l'enfant à ne porter son attention que sur un segment de ligne très court, une lettre ou deux lettres, puis une syllabe, d'où l'idée de s'aider d'un curseur.

« …*Certaines rééducations chez les dyslexiques tendent à réduire leur champ maculaire par une meilleure focalisation du regard (Habib, 1997). L'utilisation d'un doigt curseur suivant la ligne graphique chez l'enfant qui apprend à lire simplifie son travail en réduisant volontairement le champ visuel et permet de placer plus facilement la fovéa sur chacun des éléments graphiques à identifier...* ». Docteur Ghislaine Wettstein-Badour, janvier 2005.

« *Le cerveau aime apprendre pas à pas, lettre à lettre, syllabe après syllabe, mot après mot.* »[17]

➤ *Un exemple « dyslexique »*

Si le mot « garde » est lu « gadre », on comprend le déraillement sur lequel il faut attirer l'attention afin de corriger ces lectures zigzagantes. Dans cet exemple, il y a eu un bon départ et une bonne arrivée, de la gauche vers la droite. Entre les deux, un petit retour de droite à gauche a fait lire « rd » en « dr», l'ensemble « gar » [gar] ayant été trop copieux à avaler d'un seul trait. Cela viendra si l'on ne bouscule personne en comprenant les mécanismes mentaux de chacun.

Le curseur n'est pas un outil spécial. La pointe d'un crayon ou le doigt peuvent convenir. Cependant, le doigt suit des groupes de lettres, ce qui n'expose pas aux mêmes risques qu'une pointe trop dirigiste. On voit que, selon la nature et l'intensité du problème, l'enseignant modulera sa technique.

➤ *Curseur et sens de lecture*

Le curseur pourra aider l'intégration du sens correct de lecture, de la gauche vers la droite, avant que ne s'installent des déraillements du genre « pseudo-dyslexiques ». Nous avons vu que c'est surtout l'élève gaucher qui est enclin à se fourvoyer de la droite vers la gauche. Ce fourvoiement peut se produire au sein d'un mot alors que la ligne a été entamée par le bon côté. La précipitation ou le blocage psychologique, quelle qu'en soit la cause, peuvent expliquer ces déraillements et ces alternances de lecture à contre-sens, en dehors de toute dyslexie réelle.

N'ayant pas à prendre parti, nous réserverons la technique du curseur aux élèves en difficulté, par exemple, en cas de dyslexie ou d'amorce de pseudo-dyslexie, où son usage sera le plus indiqué. Il aura le mérite d'une part d'aider à bien distinguer les graphèmes, et d'autre part il préviendra ou corrigera les lectures à contre-sens.

Cette revue des éléments qui peuvent être compris dans un ensemble d'écolier ne doit pas nous faire oublier le plus important. Même si la préconisation de l'ensemble de l'outillage fait partie intégrante d'une saine approche de l'élève gaucher en l'aidant énormément à passer le

17. Dr Ghislaine Wettstein-Badour, *La recherche médicale au secours de la pédagogie*, 1992, et *Bien parler, bien lire, bien écrire*, 2005, Éditions Eyrolles.

cap d'adaptation, le meilleur des outillages spécialisés ne compensera pas les négligences pédagogiques. L'enseignant doit porter son attention sur son attitude générale envers ses élèves gauchers. Débarrassé des idées reçues négatives à leur égard, et sensible à leur fonctionnement particulier, il les accompagnera plus efficacement dans tous leurs apprentissages.

14. Contrariété avérée, que faire ?

Faut-il « relatéraliser » de l'autre côté un enfant manifestement fourvoyé dans une habitude graphique contraire à sa vraie latéralité ? Oui, on peut et on doit le faire étant donné tous les risques immédiats et futurs si on ne le fait pas. Mais c'est le rôle du rééducateur spécialisé qui au besoin fera surveiller les débuts par le psychologue.

Le problème est tout différent s'il s'agit d'un adolescent conscient ou d'un adulte. Prenons quelques exemples :

« [...] *Ma fille N. âgée de 9 ans est gauchère et avait un parcours normal et même plus, tant en musique qu'à l'école Depuis quelques temps on lui a demandé d'écrire avec la main droite et de nombreux problèmes ont surgi, tant en résultats scolaires que sur son moral...* » Marie T., octobre 2006.

Le retour à l'écriture avec la main gauche a été préconisé à l'enfant, en voici les suites :

« *J'ai demandé à ma fille d'écrire une phrase de la main gauche : elle a écrit sans difficultés, plus lentement qu'avec la main droite certes, mais avec une graphie assurée et le poignet non retourné! C.Q.F.D. Maintenant, je vais en parler avec son institutrice dès la rentrée (des vacances de Toussaint). J'avoue ressentir un peu de crainte quant à son éventuelle participation à "rééduquer" ma fille.* »

Les enseignants doivent prendre conscience des craintes qu'ont les parents de n'être pas compris dans leur démarche. Si leur crédibilité est en jeu quant à leur aptitude à gérer un élève gaucher ce n'est pas sans raison. Leur manque d'information étant en cause et non leur bonne volonté, les parents sont encouragés à prendre avec eux un contact courtois et confiant. L'histoire de cette enfant et de sa mère, qui vit l'épreuve avec une légitime charge émotive, se poursuit donc heureusement :

« *J'ai beaucoup observé ma fille. Nous avons parlé de cette main gauche et elle a eu l'air soulagée. Lorsque son institutrice lui a demandé si elle était contente de se servir de la main gauche, elle a répondu oui, sans hésiter avec un grand sourire... Je tiens à préciser que cela faisait longtemps que je ne l'avais pas vu sourire au sujet de l'école !* »

Le sourire de l'enfant est une première motivation et une justification à cette rééducation car il indique un soulagement et une joie qui retentiront positivement sur son épanouissement et sur ses résultats scolaires.

Nous remarquons que dans ce dernier cas, l'adhésion de l'enfant à sa rééducation est totale et se fera donc sans heurt psychologique. Parfois, surtout quand l'élève est plus jeune, les revirements et changements de main graphique sont mal vécus et demandent beaucoup plus de tact et de patience.

L'autre grande justification à ces retours à la main dominante est apportée par les résultats obtenus.

«*J'ai découvert à l'âge de 23 ans que j'étais gaucher. Le retour à l'usage de la main gauche m'a guéri de mon ulcère d'estomac et de mes sempiternelles migraines. Mais il m'a fallu du temps et des efforts pour éduquer ma main gauche à l'écriture.*» Michel, 2005.

«*Je n'ai que 27 ans mais on m'a empêchée d'écrire de la main gauche dès le CP. [...] J'ai décidé de me resservir de ma main gauche il y a quelques temps et cela me fait un bien fou.*
Pour tous ceux qui se demandent si c'est possible de changer de main lorsqu'on est adulte, je vous annonce que c'est tout à fait possible. Mon écriture est loin d'être parfaite, elle ressemble à une écriture d'enfant parce qu'elle est parfois irrégulière mais je trouve que cette écriture a beaucoup plus de caractère que celle de la main droite.
Par contre, j'ai gardé un mauvais pli c'est de pencher ma feuille vers la gauche, ce qui fait que j'écris au-dessus de la ligne en poussant mon crayon presque vers le haut.» Aurélie, octobre 2005.

« [...] *Ancienne droitière.* [...] *J'ai toujours eu l'impression que j'aurais dû être gauchère. J'ai alors utilisé ma main gauche pour la vie quotidienne, mais je n'arrivais absolument pas à écrire de la gauche. Le jour où mes parents ont déménagé (j'ai 23 ans), j'ai pris un stylo, et j'ai instantanément pu écrire de la main gauche. Pourtant, mes parents ne m'ont jamais forcé à être droitière, ni quoi que ce soit* [...].» Pamina, février 2006.

Nous voyons que ce qui est facile pour l'un l'est moins pour l'autre. L'enfant peut parfois vivre comme une contrariété supplémentaire le retour à sa main naturellement habile. Et pourtant c'est son équilibre psychologique donc tout son avenir qui est en jeu.

En effet, ce qui est constant avec ces rééducations c'est la guérison de troubles souvent anciens et l'énorme bonus accordé à l'épanouissement de l'individu qui retrouve enfin son fonctionnement normal.

Perspectives ouvertes par cette méthodologie

Grâce aux enseignants qui tiennent compte de ces éléments de pédagogie, nous bénéficions d'un recul qui, non seulement nous a encouragé à réaliser cet ouvrage, mais qui nous ouvre un horizon avantageux sur au moins quatre points.

Avantage pour :
– les enseignants ;
– les enfants ;
– les parents ;
– la société.

Les enseignants

Nous avons déjà souligné combien leur travail sera allégé pour toute leur durée d'exercice.

Rappelons que ce qui est positif pour eux, c'est surtout la diminution du nombre d'enfants en difficulté.

Soulagés de quelques tensions avec les parents, ils peuvent travailler plus librement. Conforter la confiance des parents, inquiets à juste titre, est un facteur de tranquillité d'esprit non négligeable dont les conséquences seront évidentes pour les intéressés.

Les points forts relatés par les enseignants qui appliquent ces quelques éléments sont les suivants :

« *On note l'effet rassurant et encourageant sur les élèves gauchers d'être équipés de cahiers spéciaux avec modèles d'écriture refaits à leur intention.* »

« *Le fait de ne plus employer d'expressions à connotation péjorative comme "à l'envers" s'ajoutant aux autres marques d'acceptation et d'intérêt est très bénéfique.* »

L'effet sur les troubles du comportement, la levée des inhibitions, ou la baisse de l'agressivité est jugé remarquable.

« *Notre relation avec les parents s'est améliorée.* »

La rangée de gauche expérimentée par les gauchers a leur préférence. (Certains d'entre eux demandent à y être replacés si on les change de place.)

« [...] *Ces changements sont très bien compris des droitiers et tout se passe en harmonie* [...]. »

« *Les élèves gauchers sont très bons en géométrie, la rapidité et l'excellence avec laquelle ils tiennent leur cahier de figures sert d'exemple pour toute la classe. Ceux qui étaient déroutés auparavant sont ravis qu'on leur présente les figures dans les deux sens et désormais comprennent le problème.*
Par contre ils sont plus lents en lecture. »

Nous savons maintenant que le gaucher a de bonnes raisons d'être plus lent et l'enseignant en a d'aussi bonnes de l'aider à relever tous les défis scolaires qui lui sont propres.

Bien entendu, il est difficile de mesurer l'ampleur des bénéfices de l'ensemble de la méthode, mais ces résultats sont un encouragement pour tous. Ils étaient prévisibles puisque cette méthode agit sur les causes elles-mêmes.

Les enfants

Les enfants seront gagnants sur plusieurs tableaux.

Le repérage de leur vraie latéralité diminuera le nombre de faux droitiers ignorant qu'ils sont bel et bien gauchers. Nous savons que, là aussi, nous bénéficierons d'un impact positif sur le nombre de ces enfants forcément mis en difficultés multiples tout au long de leur existence.

En outre, la mise en application de tous les éléments de la méthodologie que nous préconisons en faveur des élèves gauchers, dûment recensés comme tels à l'âge de l'apprentissage de la lecture et de l'écriture, diminuera considérablement leurs difficultés. Les conséquences de celles-ci sont parfois dramatiques, nous n'y revenons pas ici. C'est dans leur présent d'écolier et dans leur futur d'individu qu'ils en tireront bénéfice.

Les parents

On peut s'étonner de les trouver ici comme bénéficiaires de cette nouvelle pédagogie. Pourtant leurs témoignages abondent dans les précédentes pages, tant sur leur inquiétude que sur leur satisfaction quand leur enfant est pris en compte pour ce qu'il est, un enfant normal mais différent, nécessitant une attitude personnalisée. Dans ce cas « [...] *je suis soulagée* [...] » est un leitmotiv dans les messages des parents.

Ils sont nombreux à vivre intensément et très douloureusement l'épreuve de leur enfant. Au point que, même si ce fait médico-social est indépendant des charges incombant aux enseignants, il n'en demeure pas moins une réalité qui pèse sur la société qui, elle, devra tôt ou tard gérer tous les tracas de ses ressortissants. D'où notre quatrième point positif suivant.

La société

[...]*Fille d'un gaucher et d'une gauchère, je suis née à une époque où écrire à la main gauche était considéré par ma mère comme "honteux", comme une "anomalie" à cacher* [...] *Constamment harcelée j'ai craqué au CM1 et j'ai appris à écrire à la main droite,* [...]. *J'ai toute ma vie fait des pathologies à gauche, à chaque fois je n'ai pas entendu le message que mon corps m'adressait. Et pourtant j'en ai fait une bonne vingtaine. La dernière, celle qui m'oblige à être en arrêt de travail depuis presque un an m'a ouvert les yeux et permis un travail intérieur pour me libérer de ce fardeau et ne plus obliger mon corps à m'exprimer sa désapprobation.* [...]. Ève.

Combien de journées d'absentéisme professionnel rien que pour cette fraction de la population victime d'un empêchement de sa latéralité prévalente ? C'est encore très difficile à chiffrer et sans doute hors sujet ici. Pourtant la réalité pressentie donne le vertige.

Il peut s'agir de pathologies non latéralisées contrairement à celles très spécifiques signalées par le témoignage précédent. Il peut aussi s'agir d'accidents domestiques ou professionnels et dès lors l'outillage inadapté est impliqué. Il peut s'agir de pathologies staturo-vertébrales nécessitant des interventions chirurgicales correctrices et surtout de pathologies viscérales et psychosomatiques diverses telles que nous les avons signalées tout au long de cet ouvrage.

La contrariété de la latéralité droite est également lourde de telles conséquences mais ce cas de figure est beaucoup plus rare.

La difficulté est de faire comprendre et admettre que ces pathologies ne sont pas la conséquence de la latéralité gauche. Seule est en cause la confrontation des gauchers avec l'univers droitier.

Ce regrettable quiproquo s'autoentretient car les gauchers eux-mêmes, dont le témoignage est pourtant si précieux, préfèrent rester discrets sur leurs éventuelles difficultés présentes ou passées. Parfois, ils les nient de crainte d'être incompris et mal jugés. Certains sont passés à côté de la signification réelle de ce qu'ils ont vécu car tout le monde y compris eux, le trouvait normal. C'est pourquoi l'alerte a été donnée avant tout par des parents de jeunes élèves, voire par les grands-parents constatant une rupture dans le comportement de leurs enfants ou petits enfants.

Les racines de ce problème médico-social plongent donc dans des préjugés encore négativement actifs et dans le manque d'information des responsables de l'enfant en âge scolaire.

Un changement à ce niveau est indispensable, nous pouvons en espérer beaucoup, mais également de la part des parents, des médecins et du personnel paramédical.

Maintenant non contrariés et enfin accompagnés, les enfants gauchers, acceptés comme tels et bénéficiant des précautions que nous savons désormais nécessaires, devraient se trouver à égalité de chances avec leurs camarades droitiers.

Que faut-il retenir ?

Reprenons brièvement les thèmes développés.

Un problème médico-social existe en France dont les gauchers font les frais et dont la prévention passe surtout par un changement de pédagogie scolaire. Au seul niveau primaire, ils sont un million et demi d'élèves à être concernés.

Enseignants, parents et médecins, ainsi que tout responsable d'enfants, sont impliqués à divers degrés. Nous sommes trop nombreux à méconnaître le problème et à sous-estimer l'efficacité de sa prévention par des moyens somme toute assez simples.

Être gaucher est tout à fait normal. Ce n'est en rien une anomalie inéluctablement attachée à un quelconque handicap.

Seul l'univers droitier, conçu et organisé par et pour les droitiers, oblige les gauchers à des efforts supplémentaires inconnus des droitiers.

Être gaucher est inné, héréditaire ou organique. On naît et on reste gaucher. Si on s'en détourne dans ses habitudes gestuelles, on le reste dans ses mécanismes cognitifs.

L'élève gaucher est incompris. Non, il n'est ni lent, ni distrait, ni mal intentionné ; il doit prendre le temps d'apprendre à fonctionner à la façon des droitiers, c'est-à-dire à l'envers de son endroit à lui.

Dans un univers de gauchers, ce sont les droitiers qui vivraient les mêmes difficultés et injustices.

L'égalité de chances n'existe pas. L'élève gaucher n'est pas à égalité de chances avec ses camarades droitiers.

Le gaucher pense de la droite vers la gauche. Il devra apprendre à lire et à écrire dans l'autre sens. Ce seul défi justifie à lui seul que l'on prétende que le gaucher non contrarié ne saurait exister dans notre culture.

Tout gaucher en âge d'apprentissage scolaire doit franchir un cap de contrariété inconnu des droitiers.

Cette inévitable inégalité de chance culturelle se double de risques d'incompréhension qui s'ajoutent à d'autres issus d'idées reçues fausses, irrévérencieuses et injustes envers les élèves gauchers.

L'attitude des parents et des enseignants est primordiale pour prévenir les conséquences de cet état de fait.

Imposer la main droite est une grave erreur fondée sur l'ignorance. Contrarier un gaucher, sous prétexte de lui épargner des difficultés présentes ou futures, engendre obligatoirement des perturbations graves, psychologiques, somatiques, avec une perte de la performance manuelle et intellectuelle.

Comprendre le problème, c'est accepter sa solution.

L'essentiel est assuré par de la compréhension, de la patience et surtout par l'absence de remarques négatives prématurées et injustes. Elles ne font qu'engendrer chez l'enfant une perte de l'estime de soi avec, pour conséquence, l'échec scolaire et existentiel dans les cas extrêmes.

Bien outillé et enseigné selon ses caractéristiques mentales gestuelles et cognitives personnelles, l'élève gaucher s'adapte très bien au sens « droitier » de lecture et d'écriture.

Non « contrarié » mais laissé à lui-même, l'élève gaucher peut se dévaloriser :

– sous l'insidieux impact d'un outillage qui le met en difficulté ;
– sous le poids de remarques négatives sur ses efforts d'adaptation pris pour des hésitations ou autres déficiences ;
– sous le regard des autres ressenti en juge de ses techniques personnalisées qu'il doit « s'inventer » pour palier un défaut de pédagogie adéquate. Ces techniques sont souvent trop extrêmes et uniformes :
  * feuille trop penchée, technique d'écriture inadaptable à d'autres surfaces verticales et fixes (tableau, mur) ;
  * main tordue gênant la fluidité et l'harmonie de l'écriture.

Ce premier faisceau de facteurs est à lui seul pénalisant et peut inciter le jeune gaucher à un retrait social d'autoprotection.

Il s'y ajoute des problèmes vertébraux inhérents au sens de l'écriture qui, se traçant de la gauche vers la droite, est approprié à la main droite.

Il est possible d'épargner aux élèves gauchers ces problèmes dûment constatés et dont ils témoignent, eux et leurs parents.

Les conséquences négatives du « on ne les contrarie plus, on les laisse faire » plaident en faveur d'une pédagogie adaptée.

Ne plus contrarier les gauchers est très bien, les aider et les accompagner est préférable au laisser-faire.

PAPIER À BASE DE
FIBRES CERTIFIÉES

hachette s'engage pour
l'environnement en réduisant
l'empreinte carbone de ses livres.
Celle de cet exemplaire est de :
440 g éq. CO_2
Rendez-vous sur
www.hachette-durable.fr

Achevé d'imprimer en France
par Dupli-Print à Domont (95)

Dépôt légal : septembre 2013
N° d'impression : 2013090063
Collection : 20 – Edition : 03
17/1005/2